조선의 국모

명성황후

조선의 국모

명성황후

이은유 지음

자음과모음

차례

1장

여주의 소녀, 왕비가 되다

우물가의 작은 소녀

　허리끈을 질끈 묶은 어머니가 물동이를 옆구리에 끼고 부엌에서 나오는 것을 본 정호는 책을 읽다 말고 쪼르르 달려 나왔다.

　"어머니, 저도 따라갈래요."

　어느새 정호는 어머니의 치마꼬리를 붙잡고 있었다. 귀엽게 몸을 흔들며 조르는 정호의 머리를 어머니는 빙그레 웃으며 쓰다듬었다.

　"금방 나물만 씻어 가지고 올 거야. 그러니 너는 집에 있도록 해라."

　하지만 정호는 그렇게 인자하게 타이르는 어머니의 치마에 더욱 더 꼭 매달렸다. 생긋 웃음을 지어 보이기까지 하며 반짝이는 정호의 두 눈에는 호기심이 가득 차 있었다.

"저도 나물 씻는 걸 보고 싶어요."

어머니를 조르는 정호의 모습은 귀여웠다. 이런 정호의 모습에 어머니는 크게 웃을 수밖에 없었다.

"원, 애도. 하루 종일 들판에서 지내다 집에 돌아온 지 얼마나 됐다고 또 우물가에 따라가려고 하는 거니?"

사실 정호는 들판에서 새를 쫓다가 집에 돌아온 지 얼마 되지 않았다. 가을이 되자 집 앞 들판에는 익어 가는 벼를 쪼아 먹으려고 날아드는 참새들이 극성이었다. 정호는 날마다 그 참새들을 쫓으러 친구들과 어울려 다녔다. 그리고 누구보다 열심히 참새를 쫓았다. 정호는 무슨 일이든지 한번 시작하면 끝까지 열심히 하는 성격이었다. 또한 한번 하려고 마음먹은 일은 다른 사람이 말린다고 해서 그냥 포기하는 법이 없었다. 이런 정호의 성격을 잘 아는 어머니는 하는 수 없이 정호의 작은 손을 잡아 쥐었다.

"그런데 정호야, 우물가에는 너 만한 아이들이 가 봤자 재미가 하나도 없을 텐데 왜 자꾸 가려 하니?"

대문을 나서면서 어머니가 묻자 정호는 햇볕에 그을린 얼굴에 초롱초롱한 눈을 반짝이며 대답했다.

"우물가에는 마을 아주머니들이 다 모이잖아요. 저는 아주머니들을 보는 것이 재미있어요."

이 말은 어머니가 전혀 생각하지 못한 대답이었다. 뜻밖의 대답에 어머니는 놀라서 정호의 얼굴을 들여다보았다. 정호의 또래 가운데 우물가에서 물을 긴거나 나물을 씻는 아주머니들을 보는 것이 재미있다고 하는 아이는 정호뿐이기 때문이었다.

"얘도 참. 아주머니들을 보는 것이 재미있기는 뭐가 재미있다고 그러는 거냐?"

"아닙니다, 어머니. 아주머니들이 씻고 있는 것을 보면 저녁에 그 댁에서 무엇을 먹는지 알 수 있고, 아주머니들의 이야기를 들으면 무슨 일이 있었는지 알 수 있습니다."

"그건 재미있는 일이 아니지 않니?"

"저는 책을 읽는 것도 재미있지만 우물가에서 아주머니들을 보는 것도 재미있습니다. 아주머니들한테도 배울 점이 많기 때문입니다."

도무지 어린아이답지 않은 정호의 말에 어머니는 작고 귀여운 손을 더욱 꼭 잡았다. 정호의 손을 잡고 가는 어머니는 아버지와 비슷한 표정을 짓고 있었다. 정호에게 글을 가르칠 때 아버지는 자주 총명한 정호가 놀랍다는 표정을 짓곤 했다. 어떻게 보면 한숨을 쉬는 것도 같고 또 어떻게 보면 놀란 것도 같은 표정을 볼 때마다 어머니는 아버지에게 이렇게 물었다.

"아니, 무슨 일이지요? 무슨 일 때문에 또 그러시는 거예요?"

그때마다 아버지는 고개를 흔들었다.

"아니오. 우리 정호가 너무 글공부를 잘해서 내가 좀 놀란 것뿐이라오."

그러자 어머니는 그렇게 정호가 공부를 잘한다는 것이 믿어지지 않는다는 듯 다시 물었다.

"대체 글공부를 얼마나 잘하기에 그러시는 거예요?"

"부인, 놀라지 마시오. 우리 정호가 글쎄, 오늘 사자소학을 다 떼었지 뭐겠소? 그러니 내가 놀라지 않고 배길 수 있겠소?"

"아니, 그게 정말이에요?"

아버지가 그렇게 놀라는 것도 무리는 아니었다. 정호는 글공부를 시작하면서부터 한번 배운 것은 절대 잊어버리지 않는 기억력으로 주위 사람들을 한두 번 깜짝 놀라게 한 것이 아니었다. 뿐만 아니라 정호는 한번 본 사람이라도 절대 잊어버리는 법이 없었다.

그런 정호는 아주 어려서부터 글 읽는 것을 유난히 좋아했다. 한 자씩 한 자씩 천자문을 배우고 난 뒤에는 사자소학을 배우고, 곧 바로 그 뜻을 거뜬히 깨우쳤다.

정호는 책을 매우 좋아했다. 처음에는 모르는 글자를 한 자씩 알아 가는 것이 좋았고, 하나둘 글자를 알게 되자 그 뜻을 깨우쳐 가는 것도 좋았다. 그러자 또 다른 세상이 정호 앞에 펼쳐졌다. 그것은 상상의 세계였다. 정호는 아버지가 한 자 한 자 가르쳐 줄 때마다 그 뜻에 대한 그림을 머릿속에 그려보곤 했다.

여자아이지만 새로운 것에 대한 정호의 호기심은 누구도 따를 수가 없었다. 이 호기심을 채우기 위해 정호는 더욱 더 책에 매달렸다. 그런 것이 어느새 사자소학을 떼게 되어 아버지와 어머니를 놀라게 한 것이었다.

그런 정호가 아주머니들에게서도 배울 점이 많다고 했기 때문에 어머니는 어린 정호를 무척 대견해 했다. 정호의 생각은 어른만큼 깊기 때문이었다.

우물가에는 텃밭에서 솎은 배추며 무를 씻거나 쌀을 씻는 아주머니들이 많았다. 아주머니들은 어머니와 인사를 주고받으며, 어린 배추와 무로 된장국을 끓이고 나물을 할 것이라고 말했다. 그리고 하루 동안 마을에서 무슨 일이 있었는지 이야기들을 나누었다.

"참, 저기 큰길 쪽 이생원 댁에서는 수레에다 한꺼번에 너무 많은 짐을 싣게 하여 하인이 다친 일이 있었다네요."

"하인의 힘은 생각하지도 않고 너무 일을 무리하게 시켰군요."

"저 윗마을 박서방은 투전을 하다가 지난밤에 큰돈을 잃었다는 이야기도 있어요."

"아이고, 쯧쯧. 살림이 얼마나 된다고 그걸 투전판에다 날렸담? 사람이 열심히 일을 해서 살 생각을 해야지, 남의 돈을 거저 따려 하니까 그렇게 되는 거예요."

"그럼요. 그렇고말고요."

정호는 어머니가 슭은 배추를 씻는 동안 우물가에 쪼그리고 앉아서 이런 이야기들을 듣는 것이 재미있었다. 나물과 쌀을 씻는 아주머니들의 모습도 흥미로웠다. 아주머니들은 이야기를 하면서도 빠른 손으로 나물과 쌀을 씻고 있었다.

그때 한 아주머니가 바쁜 걸음으로 함지박을 이고 우물가에 나타났다. 그 아주머니는 마을에서 가장 가난한 김서방 댁 아주머니였다. 아주머니는 우물가에 함지박을 내려놓더니 물을 길어 부었다. 아주머니가 씻는 것은 노란 좁쌀이었다.

노란 좁쌀을 보는 순간 정호는 아주머니의 함지박으로 시선을 빼앗겨 버렸다. 하얀 쌀과 달리 좁쌀은 색깔도 노란 것이, 밥을 지으면 쌀밥보다 더 고소하고 맛있을 것 같았기 때문이었다.

아주머니는 정호가 뚫어지게 쳐다보는 줄도 모르고 열심히 좁쌀을 씻었다. 좁쌀은 씻을수록 노란색이 더욱 맑아 보였다. 비록 하얀 쌀은 아니지만 식구들을 위해서 정성스럽게 좁쌀을 씻는 아주머니의 모습에서 정호는 눈을 뗄 줄 몰랐다.

이윽고 말간 물이 나오자 아주머니는 두 손으로 좁쌀을 한 움큼 쥐었다 다시 물에 놓았다. 아주머니의 손에 퍼 올려졌던 좁쌀은 이내 모래알처럼 물속으로 가라앉았다. 그 모습을 물끄러미 바라보던 정호는 인현왕후를 떠올리며 자신도 모르게 한숨을 쉬었다.

"나도 저 좁쌀만큼 많은 노비를 거느리고 살아 봤으면……."

이 말에 우물가에 있던 아주머니들이 일제히 놀란 눈으로 정호를 바라보았다. 어머니도 두 눈이 동그래졌다. 나물을 다 씻은 어머니는 나물바구니와 함지박을 들어 올리다 말고 정호의 얼굴을 멍하니 바라보았다.

우물가의 모든 아주머니들이 빤히 쳐다보는데도 정호는 좁쌀에서 눈을 뗄 줄 몰랐다. 저녁을 짓기 위해 아주머니가 씻은 좁쌀은 셀 수 없이 많았다. 그 정도 노비는 왕이나 왕비가 되어야 거느릴 수 있는 것이었다. 어머니와 아주머니들이 깜짝 놀란 것은 바로 그 때문이었다.

정호는 비록 어린 여자아이지만 꿈을 작게 갖지 않았다. 장차 어떤 사람이 되어야 좁쌀처럼 많은 노비를 거느리고 살 수 있는지 잘 모르지만 정호의 바람은 사내아이들보다 컸다. 정호가 좁쌀만큼 많은 노비를 거느리고 싶다고 했던 것은 그만큼 포부가 컸기 때문이었다.

정호의 집 옆에 있는 묘는 5대조 할아버지이며 인현왕후의 부친인 민유중의 묘라고 한다. 정호의 가족이 사는 집도 민유중의 묘를 지키기 위해 지어진 집이었다. 그래서 정호는 글을 배우기 시작하면서부터 자연스럽게 6대조 할머니인 인현왕후의 이야기를 들으며 자라게 되었다.

인현왕후는 숙종 임금의 두 번째 왕비로, 대신들의 당파 싸움과 장희빈의 모함으로 궁궐에서 쫓겨나는 어려움을 겪으면서도 인자함을 잃지 않은 훌륭한 왕비였다.

정호는 이런 할머니를 조상으로 둔 것을 큰 자랑으로 여겼다. 비록 아버지가 높은 벼슬을 하지 못해 집안은 넉넉하지 않았지만 어디에도 뒤지지 않을 훌륭한 집안이라는 자부심을 지니고 있었다. 이 같은 자부심은 정호를 여느 소녀들과 다르게 만들었다. 정호는 말 한마디를 해도 어른처럼 생각이 깊었고, 어떤 일을 봐도 건성으로 그냥 지나치는 법이 없었다.

마을 사람들이 놀란 것은 이런 정호가 좁쌀만큼 많은 노비를 거느리고 싶다고 했기 때문이었다. 정호가 한 말은 곧 여주 고을 곳곳으로 퍼져 나갔다. 이 말을 들은 사람들도 모두 놀랐다. 그리고 이는 평범한 아이의 입에서 나올 소리가 아니라고 입을 모았다.

그 일이 있고 난 뒤부터 정호는 우물가의 소녀로 알려졌다. 우물가에서 어른들이 깜짝 놀랄 이야기를 했다고 해서 붙여진 별명이었다.

그러나 대부분의 사람들은 정호의 말이 터무니없지는 않을 것이라고 덧붙이기도 했다. 정호의 집안은 태종 임금의 왕비인 원경왕후와 숙종 임금의 두 번째 왕비인 인현왕후를 배출했으며, 조선이 세워진 이후 300년 동안 당상관 이상 벼슬아치만 해도 170명이나 배출했기 때문이다.

하지만 정호가 훗날 조선 역사상 가장 훌륭한 왕비가 될 거라고 생각한 사람은 아무도 없었다.

그 뒤부터 아버지는 정호의 교육에 더욱더 신경을 썼다. 워낙 영리한 데다 한번 본 사람이나 책 내용은 잊어버리는 법이 없는 정호에게 무엇을 가르칠 것인가 하는 것은 아버지의 고민이 되었다.

아버지는 정호에게 주로 여훈 같은 책을 가르치려고 했다. 여훈은 여자들이 지켜야 할 규범이 적힌 책이었다. 하지만 정호는 여훈보다 역사를 더 좋아했다.

정호는 역사라면 다 좋았다. 중국의 춘추전국시대 이야기도 좋고 당나라 때 이야기도 좋았다. 전쟁 이야기와 새로운 나라가 생겨나고 쇠약해진 나라가 스러져 가는 이야기는 언제나 정호의 관심을 끌었다.

정호는 날이 갈수록 더욱 많은 책을 보게 되었다. 아무래도 정호의 공부가 여훈만으로 끝날 것 같지 않자, 아버지는 아예 정호의 공부방을 따로 만들어 주었다. 공부방이 생기자 정호는 놀러 나가는 것도, 밥을 먹는 것도 잊고 책 속에 빠지는 날이 많았다.

아버지는 그런 정호를 몹시 걱정했다.

"저렇게 책을 좋아하니 저러다 건강이나 해치지 않을까 걱정이오."

아버지의 말에 어머니는 고개를 끄떡였다.

"그러게 말입니다. 그렇다고 좋아하는 책을 못 읽게 할 수도 없고……."

"사내아이라면 과거 시험이라도 보게 할 텐데, 나는 저 아이가 여자아이로 태어난 게 참으로 안타까울 뿐이오."

그러면서도 아버지는 정호에게 계속 글을 가르쳤다. 정호는 아버지에게 한 번 배운 것으로 그치지 않고 혼자 공부하는 것도 게을리 하지 않았다. 낮에 친구들과 노느라고 책을 읽지 못하면 밤에라도 읽었다. 비가 내리는 날에는 하루 종일 읽기도 했다.

날마다 열심히 책을 읽는 정호는 또래들보다 훨씬 어른스러워졌다. 또래 아이들이 투정이나 부리고 떼를 쓸 때, 정호는 다른 사람을 이해하고 다독일 줄 아는 아이가 되어 있었다.

정호의 공부는 서울로 이사 가서도 계속되었다.

정호의 가족이 서울로 이사 간 것은 아버지가 영천 군수로 발령이 났기 때문이었다. 아버지는 전에도 여러 지방의 군수를 지냈던 적이 있었다. 그때는 아버지가 여주를 떠나지 않으려고 해서 5대조 할아버지의 묘를 지키며 살 수밖에 없었다. 그런데 영천 군수로 발령이 나자 하는 수 없이 정호의 가족은 서울로 이사를 하게 되었다.

새로 이사한 집은 안국동에 있는 감고당이었다. 감고당은 왕비가 되기 전까지 인현왕후가 살았고, 장희빈의 모함을 받아 궁궐에 서 쫓겨났을 때 잠시 머물기도 했던 집이었다. 정호네 가족이 감고당으로 이사한 것은 아버지가 민유중의 직계 후손이기 때문이었다.

감고당으로 이사 온 정호의 마음은 남달랐다. 정호는 인현왕후를 매우 자랑스럽게 여기고 있었기 때문에 감고당으로 이사 온 것이 꿈만 같았다. 뿐만 아니라 말로만 듣던 서울에서 살게 된 것도 정호의 기분을 들뜨게 했다. 한적한 여주와 달리 서울은 언제나 사람들이 붐비고 볼거리가 많아서 흥미로웠다.

여주의 우물가에서 좁쌀만큼 많은 노비를 거느리고 싶다고 말했던 정호가 명복(고종의 어렸을 때 이름)을 처음 만난 것은 이때였다. 감고당과 명복이 사는 운현궁은 길 하나만 건너면 되는 가까운 거리에 있는 데다, 명복의 어머니인 홍선군의 부인이 정호에게 12촌 언니가 되기 때문이었다.

정호를 안국동 아줌마라고 부르는 명복은 총명하지만 돈 치기와 연 날리기를 좋아하는 장난꾸러기 소년이었다. 정호는 한 살 어린 명복에게 친척 언니의 아들이라는 것 말고는 관심이 없었다.

서울에 와서도 정호가 관심을 갖는 것은 오직 책뿐이었다. 한적한 시골과 달리 번화한 거리도 정호의 관심을 끌었다. 서울에서의 생활도 그다지 넉넉하지는 않았지만, 더 많은 책을 읽을 수 있게 된 것이 정호는 만족스러웠다. 아버지가 갑자기 병을 얻어 세상을 떠나기 전까지는 그랬다.

아버지가 얻은 병의 이름은 풍비였다. 풍비는 손발이 마비되어 서서히 죽음으로 가는 무서운 병이었다. 이 때문에 그렇지 않아도 넉넉하지 않았던 살림이 더욱 더 힘들어졌다. 하지만 누구도 정호의 집안을 도와주는 사람이 없었다. 5대조 할아버지인 민유중의 후손들이 다들 넉넉한 형편은 아니었지만 정호의 집은 유독 가난했다. 게다가 정호에게는 이런 아픔을 함께 나눌 형제조차도 없었다.

정호네 집의 어려움을 보살펴 준 사람은 흥선군의 부인뿐이었다. 당시에는 흥선군이 안동 김씨 일파의 손에서 살아남기 위해 장안의 건달 노릇을 하고 있었기 때문에 운현궁도 감고당보다 살림이 더 낫지는 않았다. 그런데도 정호의 아버지 민치록이 집안의 종손이었기 때문에 가까이 사는 흥선군의 부인이 자주 정호의 집을 들여다보아준 것이었다.

아버지는 흥선군 부인의 도움을 받아 열심히 간호한 보람도 없이 세상을 떠났다. 아버지가 세상을 떠나자 어머니는 몹시 슬퍼했다. 그것은 의지할 사람이 어린 정호 하나뿐이기 때문이었다.

정호도 슬프기는 했지만 언제까지 슬퍼하고 있지만은 않았다. 슬픔을 이기지 못하는 어머니 대신 살림을 해야 했기 때문이었다. 이런 정호의 집을 딱하게 여긴 문중에서는 아버지 민치록 앞으로 양자를 들여 주었다.

아버지가 세상을 떠나자마자 흥선군 부인은 감고당으로 찾아왔다. 그리고 어머니의 손을 잡고 눈물을 흘리며 위로했다.

"아주머니, 너무 슬퍼하지 마세요. 이제는 하루빨리 양자를 들여서 어떻게든 집안을 다시 일으킬 생각을 하셔야 하지 않겠어요?"

흥선군 부인을 보자 또다시 눈물을 흘리던 어머니는 그 말에 재빨리 눈물을 닦았다.

"정말, 그래야겠네요. 그런데 양자는 누구로 들이면 좋을까요?"

"문중 어른들께서는 제 동생을 양자로 들이면 좋겠다고 하시는데, 아주머니 생각은 어떠세요? 제 동생이라서 하는 말이 아니라, 아이가 제법 영리하고 행동이 빠르니 충분히 집안을 일으킬 수 있을 거라는 생각이 듭니다만."

흥선군 부인의 동생이라면 민승호를 가리키는 말이었다. 어머니도 민승호를 잘 알고 있었다. 준수하게 생긴 용모에 학문도 잘할 뿐더러 영리하고 민첩한 청년이 바로 민승호였다. 이런 민승호를 양자로 들여 준다면 어머니로서도 싫어할 까닭이 없었다.

"그래 주시기만 하면 저야 감사하지요."

"원, 아주머니도 별말씀을 다 하십니다."

어머니의 눈에서는 또다시 눈물이 흘러내렸다. 이 모습을 본 흥선군 부인은 따뜻한 손으로 정호의 머리를 쓰다듬어 주었다.

민승호가 양자로 들어오긴 했지만 한번 기울어 버린 집안이 하루 아침에 일어나기는 쉬운 일이 아니었다. 정호와 어머니도 그 사실을 잘 알았다. 때문에 정호는 실망하거나 짜증내지 않았다.

정호는 민승호가 온 뒤부터 더욱더 열심히 책을 읽었다. 정호가 읽지 못한 책은 아직도 많았고 학문의 세계는 끝이 없기 때문이었다. 그 결과 정호의 학문은 여주에 있을 때와 비교할 수 없을 정도로 높아졌다.

민승호는 이런 정호의 학문을 한눈에 알아보았다. 비록 여자아이지만 그냥 썩혀버리기에는 아까운 실력이라고 생각한 민승호는 정호에게 다시 기초부터 가르쳤다. 남자들처럼 과거 시험을 볼 수는 없을지라도 자신이 알고 있는 것을 모두 가르쳐 주겠다고 민승호는 생각했다.

그뒤부터 정호의 학문은 사람들이 감탄할 정도로 발전하기 시작했다. 어떤 사람은 정호의 실력이 남자 선비와 겨루어도 지지 않을 것이라고 침이 마르게 칭찬하고 다녔다. 훗날 정호가 정치와 외교에 참여할 만한 실력을 갖추기 시작하게 된 건 이때부터였다.

그러나 정호의 서울 생활은 여주에서보다 더 힘들기 짝이 없었다. 마치, 왕비가 되고 나서도 순탄치 못할 정호의 삶을 예고라도 하는 것 같았다. 그 무렵 나라에는 안동 김씨 일파들이 매관매직(관직을 사고파는 것)과 부정축재 등 온갖 부정을 저지르고 있어서 나라의 힘이 몹시 쇠약해져 있기 때문이었다.

외척들이 다스린 나라

왕비(정호)의 어린 시절, 나라는 어지러울 대로 어지러웠다. 안동 김씨 일파들의 폭정은 극에 달했고 백성들의 삶은 피폐할 대로 피폐해져 있었다. 철종임금은 있으나마나 한 임금이어서 모든 정권은 안동 김씨 일파들이 휘어잡고 있기 때문이었다.

철종임금은 강화도에서 풀을 베며 살다가 하루아침에 왕의 자리에 오른 임금이었다.

당시 임금이 되지 못한 왕족들은 까딱 잘못하다가 뒤집어쓸 수도 있는 역적누명을 피하기 위해 시골로 가서 사는 경우가 많았는데, 철종임금의 아버지 전계군도 그런 사람 가운데 하나였다. 그래서 철종임금은 왕족임에도 불구하고 공부를 하지 않아 무식하기

짝이 없었다.

안동 김씨 일파들이 많은 왕족들 가운데에서 이렇게 무식한 왕족을 임금으로 삼은 것은, 정권을 마음대로 주무르면서 자신들의 권력을 오랫동안 유지하기 위해서였다. 안동 김씨 일파들이 이렇게 꼭두각시로 만든 임금은 철종임금뿐만이 아니었다. 순조임금과 헌종임금도 안동 김씨 일파의 꼭두각시였다. 안동 김씨들이 이렇게 정권을 잡게 된 것은, 너무 어린 나이에 왕이 된 순조임금 대신 할머니인 정순왕후가 수렴청정을 하면서부터였다.

순조임금에게 할머니가 되는 정순왕후는 사실 정치를 잘 몰랐다. 이를 기회 삼아 정조임금의 신임이 두터웠던 김조순이 정치를 도와준다는 핑계로 정권을 가로채 버린 것이었다. 그리고 권력을 지키기 위해 조정을 안동 김씨 일파로 가득 채우고 자신의 딸을 순조임금의 왕비로 삼았다.

그뿐이 아니었다. 순조임금의 아들인 효명 세자가 임금의 자리에 올라 보지도 못하고 세상을 떠나자, 효명 세자의 어린 아들을 또다시 허수아비 임금으로 만들었다. 이분이 조선의 24대 임금인 헌종임금이었다. 헌종임금 때에는 순조임금의 왕비였던 순원왕후가 수렴청정을 했다. 그런데 헌종임금도 왕자를 두지 못하고 일찍 세상을 떠나자, 모든 왕족을 뒤진 끝에 내세운 임금이 철종임금이었다.

안동 김씨 일파들이 철종임금을 왕으로 삼은 것은, 자신들의 권

력을 지키기 위한 것도 있었지만 사실은 변
변한 왕족이 없기 때문이기도 했다. 조금
이라도 똑똑하거나 총명해 보이는 왕족
은 모두 없애 버려서 임금을 삼을만한
인재가 남아있지 않았던 것이다.

그런 안동 김씨 일파의 눈을 피해 살
아남은 왕족이 바로 흥선군 이하응이었
다. 흥선군은 장안의 시정잡배에 건달
노릇을 하고 다닌 덕분에 끝까지 살아남
을 수 있었다. 헌종

임금이 세상을

떠났을 때, 완창군의 아들 이하전은
왕위 후보에 올랐다가 안동 김씨 일
파의 반대로 왕이 되지 못하고 사
약을 받아 죽었다. 이하전이 왕이
되지 못한 것도 사약을 받고 죽은
것도 모두 주위의 기대를 모을 만
큼 똑똑했기 때문이었다. 이 때문
에 흥선군은 절대 잘난 척하거나
함부로 나서지 않았다. 오히려 왕

족이 다녀서는 안 될 기생집과 투전판에 드나드는 등 왕족으로서의 품위를 떨어뜨리고 다녔다. 뿐만이 아니라 안동 김씨 일파들의 집을 쫓아다니며 구걸을 하기도 했고, 거리의 건달들과 싸움을 벌이기도 했다. 이것은 모두 살아남기 위한 연극이었다.

때문에 흥선군이 왕족이라는 것을 알아보는 사람은 매우 드물었다. 또한 철종임금과 가까운 6촌이라는 것을 아는 사람도 별로 없었다.

이 무렵 흥선군이 자주 다닌 곳은 안동 김씨 가운데에서도 가장 권력이 있는 김좌근의 집과 김병기의 집이었다. 생일이나 초상이 났을 때를 가리지 않고 음식이 많은 날에 얼마나 빠지지 않고 자주 다녔던지, 사람들은 흥선군을 가리켜 상갓집 개라고 불렀다 한다.

하지만 흥선군도 집으로 돌아오면 인자하고 엄격한 가장이 되었다. 여러 집안일 가운데에서도 흥선군이 가장 정성을 기울인 것은 아들 명복의 교육이었다. 투전판에 다녀온 다음날도 흥선군은 둘째 아들 명복을 불렀다. 커다랗게 부르는 흥선군의 부름에 명복은 연을 날리다가 쏜살같이 달려왔다.

"네, 아버지. 부르셨어요?"

"그래. 이리 앉으렴."

"네, 아버지."

흥선군은 이렇게 똑똑하게 대답하는 명복이 기특해서 흐뭇한 미소를 지었다.

"그래, 오늘도 너에게 물어볼 말이 있어서 불렀다. 왕자는 어떤 마음을 가져야 하느냐?"

흥선군에게서 이런 질문을 수없이 받아온 명복은 총명한 눈을 반짝이며 대답하였다.

"백성들을 사랑하는 마음을 가져야 합니다."

"그래, 잘했다. 그런데 왕자가 가져야 할 마음가짐이 또 있다. 그것은 어느 한쪽만 편들고 사랑해서는 안 된다는 것이다. 알겠느냐?"

이런 말은 안동 김씨 일파들이 알면 큰일 날 소리였지만 흥선군은 이렇게 자주 명복에게 왕자의 길을 가르쳤다.

이렇듯 집에 있을 때면 흥선군은 난초를 그리거나 책을 보거나 명복을 가르치는 것으로 대부분의 시간을 보냈다. 그러나 밖에 나가면 곧장 건달로 돌변했다. 흥선군은 옷도 군데군데 기워 입고 다녔고 갓도 다 찌그러진 모습으로 안동 김씨 일파의 집들을 찾아다녔다.

그렇게 돌아다니던 가운데 흥선군은, 철종임금이 오랫동안 병석에 누워 있으며 곧 세상을 떠날지도 모른다는 소식을 듣게 되었다. 이렇게 중요한 소식을 알아내기 위하여 흥선군은 안동 김씨 일파를 찾아다녔던 것이었다. 흥선군은 철종임금의 소식을 듣자마자 즉시 대왕대비 조씨의 조카인 조성하와 조영하를 찾아갔다.

"왕족의 몸으로 궁궐의 가장 웃어른이신 대왕대비마마께 인사 한 번 올리지 못했대서야 말이 되겠소? 그러니 문안 인사를 할 수 있도록 대비마마께 여쭈어 주시오."

흥선군이 조성하와 조영하에게 이런 부탁을 한 것은, 아무리 왕족이라도 함부로 대비나 임금을 찾아갈 수 없는 것이 당시 법이기 때문이었다.

건달 노릇을 하고 다니는데도 평소에 흥선군을 좋게 보았던 조성하와 조영하는 흥선군의 부탁을 흔쾌히 들어주었다.

흥선군은 조대비를 만난 자리에서 건달 노릇을 할 때와는 달리 의젓한 왕족의 모습을 보여 주었다. 조대비도 흥선군에 대한 소문을 알고 있었다. 그러나 직접 만나 본 흥선군은 아주 의젓하고 영리한 데다 예의도 발랐으므로 조대비는 흥선군을 마음에 들어 했다.

그래서 철종임금이 승하하면 누구를 왕으로 삼을까 궁리하고 있던 조대비는 흥선군에게 이렇게 말했다.

"아드님이 모두 세 분이라고 들었는데, 그 가운데에서 명복을 효명 세자이셨던 익종 왕의 양자로 삼아 왕이 되게 하면 어떻겠소?"

조대비가 명복을 왕으로 삼으려고 한 것은, 명복이 영리하고 총명하다는 것을 조영하와 조성하를 통해 알고 있었기 때문이었다. 조대비의 말을 들은 흥선군은 속으로 몹시 기뻐했다. 그러나 그는 함부로 기쁨을 드러내지 않았다.

흥선군이 일찍부터 명복에게 왕자의 길을 가르친 것은 언젠가 이런 기회가 올지도 모른다고 일찍부터 생각했기 때문이었다. 순조임금과 헌종임금이 젊은 나이에 세상을 떠난 데다, 왕자가 없는 철종임금이 승하할 경우 가장 가까운 왕족은 흥선군 집안뿐라는 것을 꿰고 있었던 것이다. 그리고 조대비도 이 점을 잘 알고 있었다.

안동 김씨 일파의 세도정치가 못마땅하기는 조대비도 흥선군과 똑같았다. 순조임금 때부터 시작된 안동 김씨 일파의 세도정치는 헌종임금 시대를 거쳐 철종임금 시대에 이르러서는 절정에 달해 있었다. 그러니까 정호의 가족이 서울 감고당으로 이사 왔을 무렵에 철종임금은 병석에 누워 있었고, 정권을 쥔 안동 김씨 일파들이 온갖 횡포와 비리를 저지르고 있었다. 하지만 조정은 안동 김씨 일파뿐이었기 때문에 어떻게 해볼 도리가 없었다. 그런 가운데 흥선군을 만나게 되자 조대비는 단번에 다음 임금을 명복으로 정하게 된 것이었다.

"쓸 만한 왕족은 모두 안동 김씨 일파에게 죽임을 당한 줄 알았소. 그런데 대감 같은 종친(임금의 친족)이 살아 계셔서 얼마나 다행인지 모르겠소. 자주자주 놀러오시오."

하지만 흥선군은 철종임금이 승하하기 전까지 한 번도 궁궐에 가지 않았다. 아직은 안동 김씨 일파의 세상이기 때문에 조심할 필요가 있었던 것이다.

오랫동안 병석에 누워 있던 철종임금이 마침내 승하하자, 조대비는 재빨리 어보(임금의 도장)를 챙기고 대신 회의를 열었다. 임금의 자리는 한시도 비워 놓을 수 없기 때문에 하루빨리 다음 임금을 정하기 위해서였다.

그런데 이미 조대비와 흥선군은 명복을 다음 임금으로 약속해 놓은 상태였다. 뿐만이 아니라 흥선군은 안동 김씨 일파 가운데에서도 비교적 호의적인 김병학과 영의정 정원용에게도 명복을 임금으로 밀어주도록 다짐을 받아 두고 있었다. 그리고 김병학에게는 이런 조건도 내걸었다.

"만약 우리 명복이가 임금이 되면 대감의 따님을 왕비로 삼도록 하겠소."

대신회의는 말만 회의였는지라 조대비는 발을 치고 앉아 대신들에게 이렇게 발표했다.

"흥선군의 둘째 아들 명복으로 하여금 익종의 후사를 잇도록 하시오."

그러자 안동 김씨 일파들은 거세게 반대하고 나왔다. 하지만 조대비는 김병학과 정원용의 지지를 받아 명복을 왕으로 밀고 나갔다.

그렇게 조대비의 일방적인 선포와 김병학, 정원용의 지지로 명복은 1863년 12월 13일에 열세 살의 나이로 조선의 26대 고종임금이 되었다. 그리고 흥선군은 흥선대원군에 봉해졌다.

이때 정호는 아버지 민치록을 여읜 뒤 민승호에게 의지해서 어머니와 어렵게 살고 있었다. 아버지가 살아 계실 때도 넉넉하지 않았던 살림은 아버지가 세상을 떠난 뒤부터는 더욱 더 힘들어졌기 때문이었다.

어린 나이였지만 정호는 이때부터 어머니를 도와 살림을 하기 시작했다. 그뿐 아니라 어머니가 아플 때는 살림을 도맡다시피 하기도 했다. 그때 이미 정호는 열네 살의 어린 나이에 벌써 한 집안을 다스리는 역량을 보여 주어 주위 사람들의 감탄을 자아냈다.

이렇듯 어려운 가운데에서도 정호는 손에서 책을 놓지 않았다. 이 무렵 정호의 학식은 더욱 깊어져서 민승호도 인정해 줄 정도가 되었다.

그런 가운데 정호는 책을 읽다가 명복이 왕이 되었다는 소식을 들었다. 그 소식을 전해 준 사람은 오빠 민승호였다.

"얘, 명복이 왕이 되었단다. 좀 전에 김좌근 대감이 명복이를, 아, 참, 이젠 명복이가 아니지. 임금님을 궁궐로 모셔 갔다는구나."

그 말을 들은 정호는 눈이 휘둥그레졌다. 엊그제까지만 해도 연을 날리고 돈 치기를 하며 놀던 명복이 임금이 되었다니 아무리 해도 믿어지지 않기 때문이었다.

"그 말이 정말입니까, 오라버니? 명복이 정말 왕이 되었답니까?"

"그럼, 정말이고말고. 지금 흥선군 대감 댁에는 사람들이 구름처럼 모여 있는걸."

"저한테 '안국동 아줌마' 하던 아이가 임금님이 되었다니 믿어지지가 않습니다. 하지만 명복이는, 아니, 임금님께서는 장난이 심한 것 빼고는 총명한 왕자님다웠습니다. 그리고 돌아가신 임금님과 가까운 왕족은 흥선군 대감 댁 말고는 없지 않습니까?"

"그래, 바로 보았다. 이렇게 사람 볼 줄 아는 눈이 생기는 것도 다 학문 덕분이다."

그러나 민승호는 그런 정호가 안쓰러웠다. 명복이처럼 왕족으로 태어났다면 왕이 될 수도 있고, 사내아이로 태어났다면 과거 시험이라도 볼 수 있을 텐데, 불행하게도 정호는 왕족도 아니고 사내아

이도 아니었다. 이런 민승호의 마음을 아는지 모르는지 정호는 생
긋이 웃으며 이렇게 말했다.

"이럴 줄 알았으면 어제 임금님의 얼굴을 실컷 보아 둘 걸 그랬습니
다. 다른 건 몰라도 임금님의 연 날리는 솜씨는 천하일품인데……."

이 말에 민승호는 정호가 안쓰럽다는 표정으로 웃었다. 아무래도
누이동생인 정호가 자신보다 더 생각이 깊은 것 같기 때문이었다.

고종임금이 된 명복은 민승호에게 친조카였지만 정호는 12촌
동생이었다. 하지만 정호네 집안의 양자가 되었기 때문에 정호를
어머니 못지않게 아꼈다. 정호는 이런 민승호의 마음을 다 안다는
듯이 해맑게 웃었다.

"오라버니, 너무 그런 얼굴 하지 마십시오. 안동 김씨의 세도정
치가 끝난 것만 해도 그게 어디입니까?"

벌써 이때부터 정호는 세상을 읽을 줄 아는 넓은 안목을 갖고 있
었다. 민승호는 이런 정호를 대견스러운 눈으로 바라보았다.

"그래, 그러마. 너는 총명하고 학문도 뛰어나니 머지않아 좋은
일을 만나게 될 것이다."

이해심 많고 생각이 깊은 누이동생에게 어떻게 말해야 될까 궁
리하던 민승호는 마침내 이렇게 정호를 위로했다.

이 말은 민승호가 그냥 한번 해 본 말이었다. 사실 정호에게 좋은
일이 일어날 조짐 같은 것은 아무것도 없었다. 다만 정호가 딱해서

좋은 일이 있을 것이라고 말한 것뿐이었다. 그런데 얼마 지나지 않아 정호는 정말 좋은 일을 만나게 되었다.

철종임금의 장례가 모두 끝나자 조정의 대신들 사이에서는 하루빨리 왕비를 간택해야 한다는 여론이 일어났다. 왕의 자리와 마찬가지로 왕비의 자리 역시 잠시도 비워 놓으면 안 되기 때문이었다. 사실은 명복이 임금으로 즉위하고 나서 곧바로 왕비 간택을 해야 했지만, 장례 기간 중에는 임금의 결혼식을 할 수 없기 때문에 미뤄진 것이었다.

대신들의 여론이 빗발치자 홍선대원군은 어떤 규수를 왕비로 삼을 것인지 심각하게 고민했다. 명복이 왕이 되도록 도와주면 딸을 왕비로 삼겠다고 김병학과 약속한 일이 있었기 때문이다.

'아무리 굳게 약속을 했다지만 김병학의 딸을 왕비로 삼을 수는 없어. 왕비가 될 규수에게는 권력 있는 부모 형제가 없어야 해. 그래야 외척의 세도정치를 막을 수 있어.'

다시는 왕권이 외척들의 손에 유린당하지 않도록 하겠다는 홍선대원군의 각오는 대단했다. 그래서 조대비가 조순영의 손녀를 왕비로 삼을 것을 권했지만 이것도 거절해 버렸다.

홍선대원군의 입맛에 맞는 규수를 찾는 일은 매우 어려웠다. 한 나라의 왕비가 되기에 부족하지 않은 용모와 교양과 학식을 갖춘 데다, 권력 있는 부모 형제가 없는 규수를 찾는 일은 애당초 불가능

한 일이었다.

날마다 흥선대원군은 왕비가 될 만한 규수를 찾아보는 일 때문에 골치가 아팠다. 아는 사람을 모두 동원해서 알아봐도 흥선대원군이 찾는 규수는 없기 때문이었다.

궁궐에서 돌아온 대원군은, 이제 그만 그동안 보았던 규수 가운데에서 적당한 규수를 골라야 하지 않을까 생각하며 고민하고 있었다. 이 모습을 딱하게 여긴 대원군의 부인인 민부대부인은 흥선대원군에게 이렇게 말했다.

"대감께서 찾는 아이라면 정호가 제격이 아닙니까? 대감께서도 언젠가 보신 적이 있는 감고당의 아이 말입니다."

그제야 대원군은 자신의 무릎을 탁 쳤다.

"아아, 그 아이! 내가 왜 그 생각을 못했을까? 그 아이라면 왕비로 삼을 만하지. 학문 깊겠다, 교양과 기품이 넘치겠다, 그만하면 용모도 뛰어나겠다, 집안도 나무랄 것이 없겠다, 거기다 아버지도 형제도 없으니 금상첨화가 아닌가? 그 아이를 당장 데려오시오, 부인."

민부대부인의 말을 듣자마자 대원군은 정호를 데려오기도 전에 마음속으로 고종임금의 왕비로 정해 버렸다.

대원군이 왕비로 삼겠다고 한 이상 정호가 아닌 다른 사람이 왕비가 될 수는 없었다. 조대비도 반대하지 못했다. 조대비도 대원군 못지않게 안동 김씨 일파의 세도정치를 지긋지긋하게 여기고 있었기 때문이다.

안동 김씨 일파의 세도정치가 펼쳐진 기간은 자그마치 60년이었다. 이렇게 긴 세월 동안 이들은 임금을 마음대로 이용하고, 부정 축재와 매관매직 등 온갖 횡포를 저질렀다. 때문에 홍경래 난이나 진주 민란 같은 난들이 끊임없이 일어났고 나라는 어지러울 대로 어지러워져 있었다.

정호가 왕비로 간택될 수 있었던 것은 안동 김씨 일파의 세도정 치가 있었기 때문이었다. 왕권이 영조임금 시대처럼 튼튼하고 평 화로웠다면, 정호처럼 가난하고 아버지도 형제도 없는 규수가 왕 비가 된다는 것은 꿈도 꿀 수 없는 일이었다. 또한 어려서부터 인현 왕후의 이야기를 들으며 학문과 교양을 닦지 않았다면 어림도 없 을 일이었다.

이렇게 자신에게 닥친 운명을 보고도 정호는 놀라지 않았다. 여 주의 우물가에서 보통의 아이들이 생각하지도 못한 말을 했던 소 녀는 왕비가 될 자신의 운명을 겸손하게 받아들였다.

나는 조선의 국모다

　궁궐의 부름을 받고 창덕궁으로 들어간 정호는 전국의 규수들이 모인 방으로 들어갔다. 고개를 똑바로 하고 가슴을 편 채 당당하게 걷는 모습에서는 벌써부터 왕비다운 기상이 느껴졌다. 정호는 웅장한 궁궐의 모습에 눈이 휘둥그레지는 일도 없었다.

　상궁의 인도로 들어간 방에는 정호 말고도 많은 규수들이 있었다. 규수들의 복장은 모두 똑같았다. 그것은 공정한 심사를 하기 위한 차림이었지만, 왕비는 이미 정호로 결정이 되어 있었기 때문에 모든 것은 형식적인 절차일 뿐이었다. 전국에 12세부터 17세에 이르는 규수들의 결혼을 금지한다고 내려진 조대비의 금혼령도 형식적인 것이었다.

왕비 간택은 모두 3단계로 이루어져 있었다. 1차 간택에서 뽑힌 다섯 명이 2차 간택에 올라가고, 2차 간택에서 뽑힌 사람이 3차 간택에서 최종 결정되는 식이었다.

당연히 정호는 1차 간택에서 다섯 명 가운데 한 명으로 뽑혔다.

함께 뽑힌 다른 네 명은 집안도 훌륭했고 권력 있는 부모형제도 있어서 정호와는 비교도 되지 않았다. 또한 용모도 정호에게 뒤지지 않을 만큼 아름다웠다. 하지만 그런 자리에서도 정호는 기가 죽지 않았다. 비록 권력 있는 부모 형제는 없었지만, 정호는 인현왕후의 후손이라는 점을 잠시도 잊지 않고 있었다.

정호가 다른 네 명과 2차 심사를 기다리고 있을 때 궁녀들이 수정과를 내왔다. 그리고 다섯 명 앞에 한 잔씩 놓아 주었다. 수정과에서는 향긋하고 달콤한 계피향이 풍겼다.

수정과를 보는 순간 정호는 군침이 도는 것을 느꼈다. 생전 처음 들어와 본 궁궐이라 긴장했기 때문에 목도 탔다. 정호는 손을 불쑥 내밀어 수정과를 단숨에 들이켜고 싶었다. 하지만 조대비가 다섯 명의 규수들을 지켜보고 있었다. 인자한 얼굴에 웃음을 띠고 다섯 명의 규수들을 바라보는 조대비는 어느 규수가 왕비로 적당한지 꼼꼼하게 살피는 기색이 역력했다.

몰래 군침을 삼킨 정호는 단정하게 정면을 바라보았다. 그리고 등과 가슴을 곧게 펴서 자신의 기품이 흐트러지지 않도록 하는 것도 잊지 않았다.

　다른 네 명은 긴장하고 있는 모습이 역력했다. 비록 곁눈으로 훔쳐본 모습이긴 했지만 정호는 그것을 분명하게 느낄 수 있었다. 이 모습을 잠시 굽어보던 조대비는 이윽고 규수들을 향해 인자하게 말을 건넸다.

　"자, 서울에서 온 규수도 있고 멀리 지방에서 온 규수도 있을 텐데, 이 궁궐까지 오느라 고생들 했다. 우선 앞에 놓인 수정과를 마시도록 해라."

　그러나 모든 규수들은 조대비의 말을 예의 바르게 사양했다.

　"괜찮습니다."

　정호가 숙인 고개를 들었을 때, 조대비는 더욱 인자하게 미소를 띠고 규수들 앞에 놓인 수정과를 가리켰다.

　"이 자리가 왕비를 간택하는 자리라고 어려워들 하는 것이구나. 내 너희를 대접하는 의미이니 어려워하지 말고 들어라."

　그래도 여훈 등의 교육을 엄격하게 받은 규수들은 덥석 수정과를 마시려 들지 않았다.

　"괜찮습니다."

　이번에도 규수들의 대답은 똑같았다. 하지만 정호는 고개만 숙여 보일 뿐 아무 말도 하지 않았다. 한 번 사양한 것은 어른에 대한 예의를 갖추기 위한 것이었을 뿐, 사실 정호는 수정과가 몹시 마시

고 싶었다. 이런 예의에 익숙한 조대비는 다시 웃으며 규수들에게
말했다.

"괜찮기는, 내가 괜찮지 않으니 더는 사양하지 말도록 해라."

인자한 조대비의 말에 안동 김씨 집안의 규수는 정중하게 허리
까지 굽히며 대답했다.

"황공하옵니다."

다른 규수들도 말없이 머리를 숙이며 허리를 굽혔다.

하지만 정호는 더 이상 사양하지 않았다. 나라의 가장 웃어른인
조대비의 말씀을 계속 사양하는 것도 예의에 어긋난다고 생각했기

때문이었다. 그래서 다른 규수들이 고개도 들기 전에 정호는 조대비에게 이렇게 말했다.

"사실은 제가 긴장을 해서 몹시 목이 탑니다. 하여 대비마마께서 주시는 것이니 감사히 마시겠습니다."

이 말에 다른 규수들은 깜짝 놀란 눈으로 정호를 바라보았다. 놀라기는 조대비도 마찬가지였다. 그러나 정호는 태연하게 수정과를 들어 단숨에 절반쯤 마셨다. 한 번에 다 마시기는 숨이 찼고 예의에도 벗어날 것 같아서 소리 나지 않게 수정과 그릇을 다시 제자리에 놓았다.

이 모습을 본 조대비는 커다랗게 웃었다.

"아주 대차고 소신이 뚜렷한 규수로구나. 어느 댁 규수인고?"

조대비가 정호를 바라보며 이렇게 묻자 옆에 있던 상궁이 재빨리 정호 대신 대답했다.

"예전에 영천 군수를 지냈던 민치록의 외동 따님인 줄로 아옵니다."

상궁의 대답에 조대비는 고개를 끄떡이며 다시 이렇게 물었다.

"호오, 그래? 저 규수가 민 소저('아가씨'를 이르는 말)란 말이냐?"

일찍이 어린 나이에 세자빈으로 궁궐에 들어왔던 조대비는 역대 여느 왕비들처럼 순종적이었다. 그러다 보니 효명 세자인 익종이 세상을 떠날 때 시어머니이자 순조임금의 왕비인 순원왕후에게 옥새를 빼앗겨 버렸다. 그때 옥새만 빼앗기지 않았어도 안동 김씨 일파의 세도정치가 이렇게 길어지지 않았을지도 모른다고 생각하고 있던 조대비는 정호를 물끄러미 바라보았다.

조대비는 왕비를 간택하기 전부터, 쇠약해진 왕실과 나라를 위해서는 옳고 그름에 대한 판단이 분명하고 소신이 뚜렷한 왕비가 필요하다고 생각하고 있었다. 이는, 그러한 왕비만이 임금이 현명한 정치를 펼칠 수 있도록 돕는 동시에, 궁궐도 편안하게 잘 다스릴 수 있을 것이라는 생각에서 나온 결론이었다. 때문에 조대비는 수정과를 달게 마신 정호를 흐뭇하게 바라본 것이었다.

이 미소로 정호는 왕비로 결정되었다. 대원군과 약속을 하지 않았어도 서슴없이 조대비가 왕비로 결정할 수 있을 만큼, 정호는 총명하고 소신에 찬 모습을 보여 주었던 것이다.

앞에서도 말했듯이, 3차 간택은 2차 간택에서 뽑은 규수를 왕비로 삼을 것인지 말 것인지 최종 결정하는 과정이었다. 하지만 이미 조대비가 결정을 내린 상태였기 때문에 어차피 형식적인 절차는 더욱 더 형식적인 절차가 되어 버렸다.

고종임금의 왕비로 뽑힌 정호는 왕비 수업을 받기 위해 운현궁으로 갔다. 원래 왕비로 뽑힌 규수는 궁궐의 별궁으로 가도록 되어 있었는데, 그 당시 운현궁이 궁궐의 별궁으로 지정되었기 때문이다. 자주 놀러 다니던 곳인데도 왕비 수업을 받기 위해 운현궁으로 가게 된 정호의 감회는 새로웠다.

벌써부터 정호는 모든 사람들에게 왕비로 불리고 있었다.

'나는 조선의 국모다. 나는 이제부터 조선의 국모다.'

여주의 우물가에서 마을 아주머니들을 깜짝 놀라게 했던 정호는 운현궁을 들어서면서 이렇게 혼자 중얼거렸다.

하지만 이때만 해도 정호가 훗날 역사상 가장 비참한 최후를 맞는 왕비가 될 줄은 아무도 몰랐다. 그것도 조선 침략의 야욕에 불타는 일본인 흉도들에게 짓밟히게 될 줄은 아무도 짐작하지 못했다.

2장

마르지 않는 지혜의 샘

궁궐의 평화에 힘쓰다

　정호가 고종임금과 결혼하던 무렵에는 경복궁을 짓는 공사가 한창이었다. 안동 김씨 세도정치에 무너진 왕권을 다시 세우기 위해, 임진왜란 때 불타 버린 경복궁을 다시 짓는 공사는 정호가 궁궐에 들어오기 전부터 시작된 것이었다. 당시 나라는 경복궁과 경회루 등 커다란 건축물을 지을 형편이 못 되었지만 대원군은 과감하게 밀어붙이고 있었다.

　이때 대원군은 이미 여러 가지 개혁을 단행하고 난 뒤였다. 경복궁은 서원과 만동묘를 철폐하고 대전회통이라는 법전을 편찬하는 등 많을 일을 하고 난 뒤 시작한 일이었다.

　서원과 만동묘는, 많은 논밭을 소유하고 있으면서도 세금을 내

지 않고 시골 양반들의 아성(주장이 거처하는 성을 이름) 노릇만 하는
가 하면 망해 버린 중국 명나라에 대한 사대주의 사상을 지켜 오는
곳이었다. 그런 서원과 만동묘를 철폐하자 시골 양반들과 유생들
은 대원군의 정책에 크게 반발했다.

그리고 경복궁을 짓기 시작한 뒤에는 백성들의 불평이 높아졌
다. 매일같이 공사에 동원되어야 하고 많은 세금을 내야 했기 때문
이었다.

1866년 3월 21일에 결혼한 정호가 궁궐에 들어갈 당시에는 이
렇듯 백성들의 불평불만이 높아지고 있는 때였다. 그리고 그해에
는 프랑스가 통상을 요구하며 병인양요를 일으켰으며, 『한국통사』
에 12만 명의 천주교인이 죽임을 당했다고 기록된 병인박해가 일
어나기도 했다.

이때 정호는 어렸을 때의 이름 대신 중전, 민비, 민왕후 등으로
불리기 시작했다. 명성황후는 조선이 대한제국으로 바뀌고 난 뒤
부르게 된 호칭이었다. 1897년 10월 12일에 고종임금이 황제로 즉
위하고 나서 명성왕후를 명성황후로 책봉했기 때문이다. 민왕후가
명성황후로 불리게 된 것은 이때부터였다.

하지만 결혼한 지 얼마 되지 않았을 당시에는 정호 역시 역대 여
느 왕비와 다름이 없었다. 왕실의 어른들을 섬기고 후궁과 궁녀들
을 다스리는 지극히 평범한 왕비였다. 만약에 경복궁 공사 등으로

인심을 잃은 대원군이 궁인 이씨가 낳은 완화군을 세자로 책봉하려 들지만 않았다면, 그리고 왕비가 낳은 첫 왕자에게 외과 수술을 받게하는 대신 산삼 달인 물을 먹여 죽게 하지만 않았다면, 정호도 다른 왕비들처럼 평범하게 평생을 보냈을지도 모른다.

경복궁 공사는 조대비의 도움으로 어렵게 잡은 대원군의 정권에 치명적인 영향을 끼친 공사가 되고 말았다. 나라의 힘에 부치는 무리한 공사를 하는 동안 대원군은 백성들에게 크게 인심을 잃어버렸다.

왕비도 공사를 하는 백성들의 이야기를 소문으로 들어 모두 알고 있었다. 계속되는 노역과 무거운 세금 때문에 살기 힘들어진 백성들의 불평은 왕비가 듣기에도 당연히 나올 수밖에 없는 것들이었다.

"대체 이 짓을 몇 년째 하는지 모르겠구먼."

"나무란 나무는 모조리 베어 가더니 이제는 조상 묘의 나무까지 베어다 기둥으로 쓴다고 하더구먼."

"쌀값 오른 건 또 어떻고. 작년의 다섯 배도 더 넘는다네."

"당백전인가 뭔가 하는 새 돈을 마구 찍어 대니까 그렇지, 뭐."

"땅에서는 결두전을 받고 사대문에서는 통행세를 거둬들이고…… 대원군이 정권을 잡으면 살 만한 세상이 될까 했더니, 대원군도 안동 김씨들과 다를 게 하나도 없네그려."

대원군이 이렇게 마구 세금을 거둬들이는 것은 국고가 바닥이 나고 있기 때문이었다. 무리한 공사를 위해 대원군이 거둬들인 세금은 이뿐만이 아니었다. 일반 백성에게만 물리던 호포라는 세금을 양반에게도 물리고, 세금을 빼돌리는 땅도 찾도록 했다. 그리고 환자미(봄에 꾸어 주고 가을에 이자 붙여 받던 곡식)를 떼어먹은 양반을 공개적으로 체벌하여 망신을 주기도 했다.

이 때문에 서원 철폐 때 반발했던 양반들은 또다시 분통을 터뜨렸다.

"서원과 만동묘를 철폐해서 우리네 양반들의 자존심을 긁어 놓더니 이제는 무지렁이 상것들 앞에서 업신여기고 깔보기까지 하는구려."

"그러게나 말이오."

이 모든 일은 훗날 대원군을 정권에서 물러나게 하는 데 결정적인 영향을 미치게 되었다. 하지만 이때는 누구도 그런 앞날을 내다보지 못했다. 관심을 가지지 않는 이상 미래를 점칠 수 없는 것은 당연한 일이었다.

이 무렵 세계정세는 숨 가쁘게 변하고 있었다. 가까운 연안에는 이양선(다른 나라의 배)이 나타나 통상을 요구해왔고, 부동항을 얻기 위해 남쪽으로 진출하려는 러시아와 자신들의 세계 진출에 방해되는 러시아를 막으려는 영국은 발칸반도에서 크림전쟁을 일으켰다.

그러나 이들의 전쟁은 쉽게 승패가 가려지지 않아 두 나라는 전쟁의 무대를 동해로 옮겼고, 울릉도와 독도가 이때 처음 영국과 프랑스 지도에 실리게 되었다.

하지만 대원군은 이런 세계정세를 눈여겨보지 않았다. 나라의 정책을 쇄국으로 정하고 천주교 탄압에 열을 올리고 있었기 때문이다.

때문에 러시아의 항복으로 크림전쟁이 끝났다는 것도, 두 나라가 중국에서 또다시 대결하게 되었지만 이들 나라는 더 이상 전쟁을 치를 형편이 되지 못했다는 것도, 그 틈을 이용해 프랑스, 미국, 독일 등 여러 열강이 조선에 통상을 요구하게 되었다는 것도 알아채지 못했다. 대원군이 관심을 갖고 있는 것은 청나라가 아편전쟁과 애로호사건으로 인해 커다란 어려움에 빠졌다는 것과 프랑스가 조선에 통상 요구를 하고 있다는 것뿐이었다.

프랑스는 병인박해 때 베르뇌 등 아홉 명의 프랑스 신부가 학살당한 일을 빌미로 통상을 요구하고 있었다. 프랑스에 이어서 미국도 통상을 요구하고 나섰는데, 그 이유는 몇 년 전 대동강에서 실종된 제너럴셔먼호의 사건 조사 의뢰를 무시했다는 것이었다.

하지만 대원군은 병인양요와 신미양요를 일으키며 통상을 요구하는 이들 나라의 요구를 모두 거절해 버렸다.

그런데 이때, 병인박해 때 살아남은 페롱 신부가 독일 상인 오페

르트에게 대원군의 아버지인 남연군의 묘를 도굴하도록 안내해 준 일이 일어났다. 도굴 사건은 실패했지만 대원군은 이 일로 몹시 화가 났기 때문에 전국에는 또 다시 천주교 탄압으로 피바람이 불게 되었다.

뿐만 아니라 강화도를 침략해서 귀중한 문화재와 보물을 약탈하며 통상을 요구해 오는 프랑스군과 미국군에게 대대적인 공격도 퍼부었다. 힘은 프랑스군과 미국군이 우세했지만 저항은 조선군이 더 끈질겼다. 결국 조선의 저항을 이겨 내지 못하고 프랑스군과 미국군은 그들 나라로 돌아가 버렸고, 대원군은 병인양요와 신미양요의 승리를 기념하기 위해 전국에 척화비를 세우고 쇄국정책을 더욱 강하게 다졌다.

그러나 이때까지만 해도 왕비에게 이 모든 일은 강 건너 불이었다. 왕비의 관심은 오로지 궁궐을 평화롭게 다스리는 데만 있을 뿐이었다. 세 분의 대비를 모시고 대원군과 민부대부인의 안부를 자주 살피며, 궁녀들을 잘 다스려 궁궐이 화목하도록 하는 일은 왕비가 하는 일 가운데서 가장 중요한 일이었다. 왕비는 궁궐의 평화가 곧 나라의 평화라고 생각하고 있었다. 그래서 궁궐을 평온하게 다스리는 것을 자신의 책임으로 알고 최선을 다해 나갔다.

이렇게 지혜롭게 궁궐을 다스리는 왕비를 조대비는 누구보다도 사랑스러워했다. 아침에 문안 인사를 하러 갈 때마다 조대비는 며느리의 손을 다정하게 쓰다듬어 주곤 했다. 고종임금이 효명세자였던 익종의 양자가 되었기 때문에 조대비는 며느리가 되는 왕비에게 더욱 각별했다.

"어서 오시오, 중전. 내 아침 일찍부터 중전이 언제 문안 오시나 기다리고 있었소."

조대비가 이렇듯 인자하고 따뜻하게 말을 해 줄 때마다 왕비는 궁궐 생활의 외로움과 어려움이 깨끗이 사라지는 것을 느끼곤 했다. 어느 날 조대비는 왕비의 손을 따뜻하게 잡아주며 이렇게 말했다.

"중전이 복덩어리야. 중전이 온 뒤로 궁궐이 몰라보게 평안해졌거든."

이는 왕비가 들을 수 있는 최고의 칭찬이었지만 왕비는 겸손하게 고개를 숙였다.

"황공하옵니다."

이런 왕비가 더욱 사랑스러운 듯 조대비는 잡고 있던 손을 토닥거렸다.

"아니야. 중전 같은 효부는 어디에도 없을 것이오. 나한테 뿐만 아니라 대원군 대감과 부대부인께도 말할 수 없이 잘한다는 말을 다 듣고 있었소. 대원군 대감도 중전의 칭찬을 많이 하던걸."

"황공하옵니다."

"또, 또, 그 소리. 그나저나 요즘도 책을 많이 읽으시오? 안색을 보아하니 또 밤새도록 책을 읽으신 것 같구려."

조대비가 이렇듯 따뜻하게 말을 건네자 왕비는 더욱 고개를 수그렸다. 왕비가 아무 대답도 하지 못하자 조대비는 혀를 끌끌 찼다.

"아직 상감이 어려서 궁인 이씨를 좋아하는 것이오. 조금 있으면 반드시 중전을 찾을 것이니 너무 심려하지 마오."

그러자 왕비는 하마터면 눈물을 흘릴 뻔했다.

"예, 대왕대비마마. 황공하옵니다."

조대비는 또다시 왕비의 손을 잡고 토닥거렸다.

"그래, 그래야지. 그런데 중전, 요즘은 무슨 책을 읽고 있소? 『춘추』를 읽고 계시다고 했소?"

고종임금을 놀라게 한『춘추』

　그 무렵 왕비는 책 읽는 재미에 푹 빠져 있었다. 궁궐에 있는 책 가운데 왕비가 읽지 않은 것은 거의 없었다. 왕비는 대원군 이 편찬한『대전회통』도 읽고『주역』도 읽었으며 좋은 책이란 책은 모조리 다 읽었다. 이렇게 책 읽는 재미에 푹 빠진 왕비는, 궁인 이씨가 낳은 완화군을 세자로 책봉하려는 대신들의 움직임이 있을 때『춘추』와『춘추좌씨전』을 읽고 있었다.

　그런데 완화군을 낳은 궁인 이씨에게 축하 선물을 보낸 지 얼마 지나지 않아서 큰방상궁이 하얗게 질린 얼굴로 헐레벌떡 뛰어 들어왔다. 큰방상궁은 왕비가 거느리고 있는 상궁이었다.

　"중전마마, 국태공 대감께서 완화군마마를 세자로 책봉하시려

한답니다. 뿐만 아니라 대신들은 중전마마께서 인현왕후처럼 왕자를 낳지 못할 것이니 완화군마마를 세자로 책봉해야 한다고 여론을 모으고 있다고…… 망극합니다. 중전마마께서 궁궐에 들어오신지 삼 년도 지나지 않았는데…….”

이에 평소 침착하던 왕비도 얼굴이 하얗게 질렸다. 책을 읽다 말고 왕비는 주먹을 불끈 쥐었다.

사실 왕비가 궁궐에 들어온 뒤 고종임금은 한 번도 왕비를 찾은 적이 없었다. 고종임금이 좋아하고 날마다 찾아간 사람은 궁인 이씨였다. 그러니 훗날 영보당으로 봉해지는 궁인 이씨가 왕자를 낳고 왕비가 왕자를 낳지 못한 것은 당연한 일이었다.

하지만 대원군은 이런 사실을 외면했다. 오히려 오랫동안 안동 김씨 세도정치 아래에서 숨을 죽이고 살았던 대원군은 그 기쁨을 참지 못하고 성급하게 완화군을 세자로 삼으려 하고 있었다.

이에 왕비는 위기를 느꼈다. 아무리 왕비라고 해도 왕자를 낳지 못하고 그 왕자가 세자로 책봉되지 못하면, 여차한 경우 쫓겨날 수도 있었기 때문이었다. 임금이 그럴 마음이 없다 해도 대신들이 자신들의 권력을 위해 그렇게 되도록 만들기도 했다.

인현왕후가 왕자를 낳은 장희빈에게 모함을 받고 궁궐에서 쫓겨난 사건을 왕비는 누구보다 잘 알고 있었다. 장희빈이 낳은 왕자가 세자로 정해지자, 장희빈은 대신들과 짜고 인현왕후에게 왕자를 낳을 수 없는 왕비가 후궁을 질투한다는 죄를 뒤집어씌워 쫓아냈던 것이다.

뜻밖의 상황에 왕비는 눈앞이 캄캄했다. 조정에 민승호가 있기는 했지만 아직 그의 힘은 너무 약했고, 왕비의 바람막이가 되어 줄 사람은 아무도 없기 때문이었다. 또한 왕비에게 도움이 되거나 왕비의 편에서 말을 해 줄 사람 역시 아무도 없었다. 그런데 뜻밖에 민부대부인이 왕비의 편을 들어주었다. 민부대부인은 이런 어처구니없는 일들이 벌어지자 대원군에게 이렇게 말했다.

"왕비마마의 춘추가 아직 어리신데 무슨 세자 책봉을 벌써 하십니까?"

이런 상황에서도 왕비는 모두가 놀랄 만한 의젓함을 보여 주었다. 물론 완화군이 세자로 책봉될지도 모르는 위기의 순간이기 때문에 놀라기는 했지만 의연한 모습은 한 나라의 왕비가 되기에 한 치의 부족함이 없었다. 하지만 왕비가 낳은 첫 왕자가 대원군이 보낸 산삼 달인 물을 먹고 숨을 거둔 사건은, 세자 책봉사건에 이어 또다시 대원군과 왕비 사이에 회복할 수 없는 갈등을 만드는 계기가 되고 말았다.

대원군의 세자 책봉 사건이 있고 난 뒤 왕비는 책보다 자신을 가꾸는 일에 더 정성을 들였다. 그러자 열여덟 살이 된 왕비는 영보당보다 훨씬 더 아름다워졌다.

어느 날 고종임금은 눈부시게 아름다워진 왕비의 모습을 보고 놀라움을 감추지 못했다. 우아하고도 기품 있는 왕비의 모습은 영보당과 비교도 되지 않았기 때문이었다. 뿐만 아니라 왕비는 『춘추』 같은 어려운 책도 읽고 있었다. 고종임금은 왕비가 읽는 책을 보고 더욱 깜짝 놀랐다.

"아니, 이 책을 중전께서 보고 계셨소?"

왕비의 서안(책상)에는 『춘추』와 『춘추좌씨전』이 펼쳐져 있었다. 『춘추』는 중국의 전국시대 이야기였고 『춘추좌씨전』은 『춘추』에 좌씨라는 사람이 해석을 붙인 책으로, 임금이나 읽어야 할 정치 서적이었다. 그러니 고종임금이 놀란 것도 무리가 아니었다.

이때부터 고종임금은 영보당보다 왕비를 더 좋아하게 되었다. 경연이 끝나기 무섭게 달려오는 곳도 왕비가 있는 전각이었고, 대원군을 만나고 돌아오자마자 뛰어가는 곳도 왕비가 책을 읽고 있는 방이었다. 더 이상 고종임금은 왕비를 '안국동 아줌마'로 보지 않았다.

그렇다고 고종임금이 경연과 공부를 게을리 한 것도 아니었다. 사실 고종임금은 그 어느 때보다도 더 열심히 공부했다. 게으름을 피우고 싶어도 왕비의 학문이 날이 갈수록 깊어져서 게으름을 피울 수가 없었다. 왕비가 빈둥빈둥 노는 것을 한 번도 본 적이 없는데다, 왕비의 학문 또한 고종임금과 견주어도 뒤지지 않기 때문이었다.

그리고 왕비는 추운 겨울에 왕자를 낳게 되었다. 왕비가 왕자를 낳았다는 소식이 전해지자 온 궁궐은 기쁨에 휩싸였다. 후궁이 아닌 왕비에게서 첫 왕자가 태어났기 때문이었다.

그러나 이 기쁨은 이틀도 가지 못했다. 갓 태어난 왕자는 항문이 막혀 있는 쇄항에 걸려 있기 때문이었다. 왕자의 이상을 찾아낸 사람은 유모였다. 유모는 젖을 잘 먹지 않고 심하게 울어 대는 왕자를 이상하게 여기고 왕자의 몸을 샅샅이 살핀 결과 항문의 이상을 찾아낸 것이었다.

이에 왕비는 즉시 큰방상궁에게 시의를 데려오도록 했다. 왕자를 고칠 수 있는 방법을 직접 알아보기 위해서였다.

큰방상궁이 나간 지 얼마 지나지 않아서 시의는 문밖에 꿇어 엎드렸다. 왕비는 겨우 몸을 일으키고 납작 엎드려 있는 시의를 바라보았다.

"내가 그대를 부른 것은 왕자를 고칠 수 있는 방법이 있는지 묻기 위해서다. 그러니 그대가 아는 대로 알려 주도록 하라."

왕비의 물음에 시의는 이마를 바닥에 대며 대답했다.

"저희 시의들로서는 왕자 아기씨를 고칠 방법이 없습니다."

왕비는 눈물이 글썽글썽한 눈으로 다시 시의에게 물었다.

"정말 아무 방법도 없는 것이냐?"

날카롭게 부르짖는 왕비의 목소리에 시의는 어쩔 줄 몰라 했다.

"한의학에서는 아무런 방법도 찾을 수 없습니다만 서양 의술은 막힌 항문을 뚫을 수 있다고 합니다."

"그럼, 서양인 의사를 불러야지 않겠느냐? 어서 서양인 의사를 불러라."

"예, 알겠습니다."

그러나 시의는 해가 저물도록 서양인 의사를 데려오지 못했다. 대신 저녁 무렵에 겨우 약사발을 들고 왔을 뿐이었다. 왕자는 유모의 젖을 먹지 않고 자꾸 우는데 시의가 약사발을 들고 들어오자 왕비는 몹시 화를 냈다.

"서양인 의사를 데려오라는데 지금 무엇을 들고 오는 것이냐?"

그러자 시의가 죄인처럼 굽실거리며 이렇게 대답했다.

"국태공 대감(흥선대원군의 다른 호칭)께서 신성한 왕자의 몸에 칼을 대는 것은 있을 수 없는 일이라고 하시며 이 산삼 달인 물을 먹이라고 하셨습니다."

이 말에 왕비는 한숨을 쉬었다. 막힌 항문에 산삼은 아무 소용도 없을 것 같았지만, 대원군의 말은 곧 법이었기 때문에 따르지 않을 수 없었던 것이다. 하지만 얼마 지나지 않아 궁궐은 크나큰 슬픔에 휩싸이고 말았다. 왕자가 산삼 달인 물을 먹은 뒤 이틀을 넘기지 못하고 그만 숨을 거둬 버렸기 때문이다.

이 일은 왕비에게 완화군 세자 책봉사건과 함께 지울 수 없는 상처를 안겨주었다. 그리고 왕비를 역대 어느 왕비보다도 강하게 만들었다. 언제 또다시 완화군을 세자로 책봉해야 한다고 대원군과 대신들이 여론을 일으킬지도 모르기 때문에 왕비는 이를 악물고 슬픔을 이겨냈다.

왕비는 슬픔을 털고 일어나자마자 가장 먼저 국사당에서 왕자의 명복을 빌도록 했다. 그리고 대원군의 독재정치와 독재에 지배당하는 왕권을 파악했다.

진정한 왕권을 위하여

  왕비가 지금으로부터 그리 멀지 않은 1800년대 후반의 인물이 긴 하지만 사실 왕비에 관한 기록은 그리 많지 않다. 조선은 임금 중심의 나라였기 때문에 왕비의 정치적 발언이나 행동은 통치 사료에 기록될 수 없었기 때문이다. 그나마 왕비의 기록을 조금이라도 볼 수 있는 것은 황현의 『매천야록』과 윤효정의 『풍운한말비사』에 기록된 전문(전하여 듣고 옮긴 글), 외국인들의 견문류 따위가 고작이니 왕비에 관한 자료가 빈약할 수밖에 없다.

  어렸을 때 이름만 해도, 정호라는 설이 있고 자영이라는 설이 있다. 자영이라는 이름은 후세의 소설가가 지은 이름이라고 하고, 정호라는 이름은 왕비의 항렬이 호자 돌림이기 때문에 그렇게 추측

하고 있을 뿐이다. 이렇게 이름도 제대로 전해지지 않은 것은 왕비가 훗날 조선 왕조 역사상 이렇게 위대한 왕비가 될 줄 모르고 아무도 자세하게 기록해 놓지 않았기 때문이다.

또 중요한 원인으로는, 일본인들이 왕비 시해 때 자료를 없애거나 왜곡시킨 것도 있다. 후세 사람들이 왕비를 가리켜 '나라를 망친 암탉이다', '성격이 표독한 왕비다'라는 식으로 잘못 알고 있는 것은 일본이 조작해 놓은 이미지에서 비롯된 것이었다.

그러나 왕비는 실제로 인현왕후 못지않은 인자한 성품에 옳고 그름이 분명한 성격이었다고 한다. 어린아이나 약한 사람에게는 한없이 따뜻하면서도 그릇된 행동을 하는 사람에게는 더없이 무섭게 대했다는 것이다.

민승호를 궁궐로 부른 날도 왕비는 어떻게 나랏일의 옳고 그름을 가려야 할지 고민하고 있었다. 그래서 두 번째 잉태 소식을 민승호에게 알려서 민승호가 자연스럽게 궁궐로 들어오도록 하였다.

왕비가 또다시 아기를 갖게 된 것은 첫 왕자가 태어나자마자 죽은 지 삼 년 만이었다. 왕비가 또 아기를 갖게 되자 사람들은 모두 기뻐하며 축하해 주었다. 그 가운데에서도 가장 기뻐한 사람은 고종임금과 민승호였다. 민승호는 왕비를 보자마자 함박웃음이 가득한 얼굴로 축하 인사를 건넸다.

"축하드립니다, 중전마마. 저는 너무 기뻐서 춤이라도 추고 싶습니다.”

왕비는 민승호의 축하 인사에 함박웃음을 터뜨렸다. 기쁨을 함께 나눌 형제가 있다는 것을 왕비는 무엇보다 든든하게 여기고 있었다.

“고맙습니다, 오라버니. 모두가 염려해 주신 덕분입니다.”

그리고 왕비는 민승호에게 서안 가까이 다가앉도록 했다.

“그런데 오라버니, 우리 집안에서 과거에 급제하여 벼슬을 하고 있는 사람은 모두 몇 명이나 됩니까?”

당시 대원군은 철저하게 외척을 멀리하고 있었기 때문에, 왕비의 집안에서는 병조참의인 민승호와 한성부윤인 민규호만이 유일하게 벼슬을 하고 있을 뿐이었다. 왕비가 매우 심각하게 묻자 민승호도 목소리를 낮추고 대답했다.

“민겸호, 민태호, 민영위, 민치상 등이 있습니다만 모두가 매우 낮은 벼슬을 하고 있습니다.”

“그렇습니까?”

그리고 왕비는 잠시 입을 다물었다. 왕비가 갑자기 왜 이런 질문을 하는지 영문을 모르는 민승호는 잠자코 왕비의 다음 말을 기다렸다. 그러나 왕비는 점점 생각에 깊이 빠져들고 있을 뿐이었다.

그 무렵 고종임금은 정치를 직접 하고 싶다는 이야기를 자주 하곤 했다. 경연을 통해 정치적 역량을 쌓고, 대원군이 하는 정치를 눈여겨보았기 때문에 직접 나라를 다스릴 자신이 충분히 있다고 생각했다. 고종임금은 정치적 실력이 쌓여가자 대원군의 정치가 시대에 맞지 않다는 것을 깨닫고 있었다.

그런데 임금의 나이가 성년이 되면 당연히 정권을 물려주어야 하는데도 대원군은 전혀 물려줄 생각을 하지 않고 있었다. 역사적으로도 이런 전례는 없었다. 그런데 대신들은 아무 말도 하지 못하고 있었고, 대원군은 마음대로 정권을 휘두르고 있었던 것이다.

그 무렵 경복궁을 짓고 난 대원군은 쇄국정책을 더욱 강화하며 천주교를 강력하게 탄압하고 있었다. 메이지유신을 성공시킨 일본은 서양의 기술을 받아들여 새로운 강대국으로 거듭나고 있는데, 이를 외면한 대원군은 갈수록 나라를 후진국으로 만들어 나갔다.

고종임금은 백성들의 여론과 국제 정세를 무시한 대원군의 이런 독재가 못마땅했다. 하지만 이런 이야기는 아무하고나 할 수 없는 것이었다. 조정은 온통 대원군의 심복들로 가득 차 있기 때문이었다.

이런 나라의 형편을 고민하던 고종임금은 누구와 의견을 나눌 것인가 생각했다. 그리고 그런 의견을 나눌 수 있는 사람은 왕비밖에 없다는 것을 깨달았다. 그래서 고종임금은 왕비에게 그동안 생각하고 있던 고민들을 모두 털어놓았다.

"아무래도 국태공께서는 시대에 맞지 않는 정치를 하고 계시는 것 같소. 일본인들이 어떤 사람들인데 국교 요청을 계속 거절당하

고만 있겠소? 천주교 탄압만 해도 그렇소. 아무 죄 없는 백성들을
이렇게 죽음으로 몰아넣고 있으니 이러다가 이 나라는 피바다가
되고 말 것이오.”

　고종임금의 이야기를 모두 듣고 난 왕비는 일본의 정한론을 떠
올렸다. 당시 일본에서는 조선을 무력으로 정벌하자는 여론이 들
끓고 있었는데, 조선이 아직 미개한 나라로 있을 때 정벌해야 한다
는 여론이 정한론이었다.

일본의 정한론은 조선을 대륙 침략의 발판으로 삼기 위한 발상이었다. 땅이 넓고 기름진 대륙으로 진출하는 것은 일본의 오랜 숙원 사업이었다. 그런데 대륙으로 빨리 갈 수 있는 길목에 조선이 있기 때문에 정한론이 일어난 것이었다.

그 때문에 일본의 급진파는 조선이 계속 국교 요청을 거절하면 힘으로 굴복시켜버리자는 의견을 내놓고 있었다. 이 의견은, 전쟁은 아직 시기상조라고 판단하고 있던 많은 사람의 호응을 얻어 일본의 정책이 되었고, 일본이 끊임없이 국교를 요청하는 것도 이 때문이었다.

비록 정치에 참여할 수는 없었지만 왕비도 세계정세에 대해 알고 있었다. 그리고 메이지유신을 성공시킨 일본이 메이지 정부를 수립한 뒤 급속도로 발전하고 있다는 사실을 예사로 보지 않았다. 또한 조선이 쇄국정책 속에서 제자리걸음을 하고 있으니 일본이 정한론을 일으키는 것도 무리는 아닐 것이라고 생각했다.

고종임금의 이야기가 끝나자 왕비는 이렇게 자신의 의견을 밝혔다.

"지금 일본에서 정한론이 일어나고 있다는 것은 상감마마께서도 잘 아시는 일입니다. 국태공께서 이렇게 계속 국교를 거절하면, 상감마마의 말씀대로 저들은 정말 조선을 침략할지도 모릅니다. 왜냐하면, 임진왜란 때부터 대륙으로 진출하고 싶어 했던 일본이 하루아침에 숙원 사업을 바꿀 리 없기 때문입니다."

이에 고종임금의 얼굴이 매우 어두워졌다.

"과인의 말이 그 말이 아니오?"

왕비도 고종임금을 따라 한숨을 쉬었다.

"그런데 문제는, 일본의 국력은 나날이 강해지고 있는데도 우리 조선은 전혀 발전할 줄 모르고 있다는 것이며, 때문에 당장 일본이 침략한다 해도 맞서 싸울 수 없다는 것입니다. 상대방은 앞으로 나아가는데 제자리걸음을 한다는 것은 퇴보하고 있다는 것이나 마찬가지가 아니겠습니까? 이것은 모두 국태공의 쇄국정책에서 비롯된 일입니다."

고종임금은 여전히 어두운 얼굴로 고개를 끄떡였다.

"그럼, 과인이 무얼 어떻게 해야 하겠소?"

"국태공께서는 상감마마께서 어리시다는 이유로 십 년 동안이나 섭정을 해 오셨습니다. 그러나 상감마마께서는 이제 성년이 되셨습니다. 다시 말해 친정(직접 정치를 하는 것)을 하실 때가 되었다는 말씀이지요. 그런데도 국태공께서는 정권을 물려주려고 하시기는커녕 쇄국정책으로 나라를 더욱 고립시키고 있으니, 상감마마께서는 나라를 위하여 결단을 내리셔야 될 것입니다."

왕비의 정치에 대한 이런 의견은 하루아침에 생긴 것이 아니었다. 그동안 역사와 고전과 정치 서적 등 좋은 책을 열심히 읽으면서 끊임없이 학문을 쌓았기 때문에 이런 안목을 가질 수 있었다.

훌륭한 정치란 조화라는 것이 평소 왕비의 생각이었다. 대신들과 좋은 의견을 모으는 것, 백성들과는 서로를 위하는 것, 이것이 왕비가 생각하는 조화였다. 대원군이 왕권을 물려주려고 하지 않는 것부터 조화를 어기는 일이기 때문에 왕비는 고종임금에게 친정을 권한 것이었다. 왕비는 또 다시 이렇게 말했다.

"상감마마께서는 직접 정치를 하고 싶다고 그동안 여러 번 말씀하셨습니다. 또한 상감마마의 춘추가 성년이 되셨으니 충분히 나라를 다스리실 수 있을 것입니다. 하오니 하루빨리 정권을 잡으셔서 국태공의 잘못된 정책을 바로잡으시는 것이 옳은 줄 압니다."

이에 고종임금은 왕비에게 또 이렇게 물었다.

"과인이 직접 나라를 다스리고 싶기는 하지만, 지금 과인에게 무슨 힘이 있어 정권을 잡을 수 있겠소?"

고종임금이 이렇게 힘없는 목소리로 묻는 것도 무리는 아니었다. 조정에는 온통 대원군의 심복들뿐이라서 직접 정치를 한다 해도 고종임금의 편에서 일해 줄 신하가 한 명도 없었다. 나라의 정책이 아무리 훌륭해도 신하들이 지지해 주지 않으면 시행하기 어렵기 때문에, 정권을 잡는 것 못지않게 같은 편으로 신하들을 끌어들이는 것도 중요한 일이었다.

고종임금이 말하는 힘이란 바로 임금을 지지하는 기반을 말하는 것이었다. 그리고 왕비는 고종임금의 지지기반을 만들어 주기 위해 민승호를 부른 것이었다. 조정의 모든 사람들이 대원군 편에 서 있었기 때문에 고종임금의 편에서 일할 사람은 왕비의 집 안에서 찾아야 했기 때문이었다.

왕비는 민승호의 이야기를 곰곰이 생각하다 대원군이 외척을 배척하는 정도가 매우 심하다는 것을 느꼈다. 겨우 병조참의라는 벼슬자리로는 임금을 지지하기는커녕 정책을 의논하는 자리에 끼일 수도 없을 것 같기 때문이었다.

왕비가 민승호의 이야기를 생각하는 동안 민승호는 왕비가 입을 열기를 기다리고 있었다. 무슨 이유로 집안에서 과거에 급제한 사람을 묻는지 잘 알 수 없기 때문이었다. 어렸을 때부터 왕비는 다른 사람이 생각하지 못하는 것을 말하곤 했기 때문에 그 깊은 속을 조금도 짐작하기 어려웠다.

이윽고 자세를 바로잡은 왕비는 굳은 결심을 한듯 민승호를 바라보았다. 그리고 천천히 입을 열었다.

"오라버니, 지금부터 제가 하는 말을 잘 들으십시오."

그러자 민승호는 긴장한 표정으로 왕비를 바라보았다.

"예, 중전마마. 말씀하시지요."

"오라버니께서도 아시다시피 지금 상감마마께서는 친정을 하실 수 있는 춘추가 되셨습니다. 그러나 국태공께서는 정권을 내놓으려고 하지 않으실 뿐더러 더욱 독재적인 정치를 펼치고 있습니다."

"알고 있습니다, 중전마마."

"그래서 오라버니께 드리는 말씀입니다. 이제부터 서서히 상감마마께서 친정을 하실 준비를 해야겠으니, 오라버니께서 그 네 사람 말고 또 다른 인재가 있는지 알아봐 주십시오. 지금 조정에는 운현궁의 사람들뿐이지 않습니까?"

"예, 알겠습니다."

그리고 왕비는 고종임금을 찾아갔다. 경연을 마친 고종임금은 혼자 편전에서 생각에 잠겨 있었다. 얼마나 골똘하게 생각에 잠겨 있었는지 고종임금은 왕비가 편전으로 들어오는 것도 몰랐다.

왕비는 그런 고종임금이 몹시도 안쓰러웠다. 의견을 나눌 수 있는 사람이 조정에 한 사람도 없어서 혼자 고민하는 고종임금을 본 왕비는 자신의 생각이 정당하고 옳다는 확신을 가졌다. 그리고 어린 시절 자신을 안국동 아줌마로 부르던 고종임금을 물끄러미 바라보았다.

그때 고종임금은 연을 잘 띄우고 돈치기를 잘하며 벌써부터 『춘추』를 읽던 총명한 왕자였다. 대원군의 야망이 아니었다면 한평생 평범하게 살 뻔했던 왕족이기도 했다. 그렇게 행복한 시절을 보냈던 고종임금의 어두운 얼굴을 보자 왕비는 몹시 안타까운 생각이 들었다.

"상감마마!"

왕비가 다정하게 부르자 고종임금은 무슨 일이냐고 묻는 표정으로 왕비를 바라보았다.

"무슨 생각을 그렇게 하고 계십니까?"

그러자 고종임금은 고개를 저었다.

"아무 일도 아니오. 그런데 무슨 일로 중전께서 이렇게 오셨소?"

"사실은 조그만 청이 있어서 왔습니다. 민겸호, 민태호, 민치상, 민영위, 민규호 등을 등용해 주십시오. 그리고 큰아버님인 흥인군 대감과 조영하, 조성하도 요직에 심어 주십시오. 제가 보기에 이들은 모두 쓸 만한 인재들입니다."

"국태공께서 반대하실 텐데…… 그것이 가능할 것 같소?"

"당연히 반대하실 것입니다. 하지만 상감마마께서 부리실 신하이니 과감하게 밀어붙이십시오. 삼정승 육판서 자리도 아닌데, 상감마마께서 기어이 등용하시겠다고 하면 별수 있겠습니까?"

"중전의 말씀을 들으니 그럴 것도 같구려. 내 잘 알겠소."

이 일은 대원군이 눈치 채지 못하게 은밀히 진행되어야 하는 일이었다. 그렇지 않으면 고종임금이 집권하기도 전에 모든 일이 수포로 돌아갈 수도 있기 때문이었다. 왕비는 그 점까지도 미리 계산하고 대원군에게 불평이 많은 인재들도 고루 등용하도록 했다.

그러기 위해서는 당연히 나올 수밖에 없는 대원군의 반대를 슬기롭게 넘겨야 했다. 고종임금은 소외된 인재를 한번 등용해 보자는 말로 대원군을 설득했다. 대원군은 집권 초기에 인재를 골고루 등용하겠다는 소신을 밝힌 적이 있었기 때문에 고종임금의 말을 들어줄 수밖에 없었다.

이렇게 하나둘 왕비가 조정에 심은 세력은 어느 사이 30여 명에 이르게 되었다. 하지만 아무렇게나 등용한 사람은 하나도 없었다.

이때부터 왕비는 적재적소에 사람을 심고, 행정권을 개편하는 능력과 과감하게 일을 밀어붙이는 추진력을 보여 주었다. 이런 능력은 임금이나 대신들에게서도 좀처럼 찾아볼 수 없는 것이었다.

고종임금은 이런 왕비를 보고 감탄을 금치 못했다. 그러자 왕비는 고종임금에게 또 이렇게 말했다.

"상감마마, 진짜 시작은 이제부터입니다."

친정을 선포하는 고종임금

왕비가 말하는 시작은 민승호의 상소를 말하는 것이었다.

그 무렵 부산에는 국교 교섭을 벌이기 위해 일본 정부가 보낸 편지를 지닌 사신이 기다리고 있었다. 그런데 그 편지에는 일본의 왕을 스스로 천황이라고 하고, 일본은 청나라와 똑같은 황제의 나라라고 부르고 있었다. 이 편지를 본 대원군은 불 같이 화를 냈다.

"언제부터 왜왕이 황제가 되었으며, 한낱 섬나라가 청나라 같은 황제의 나라가 되었단 말이냐? 이런 말도 안 되는 소리는 상대할 필요가 없다."

대원군의 이 같은 말은 일본의 국력과 야욕을 제대로 파악하려 들지 않고 무조건 무시하고 보는 데서 나온 말이었다. 대원군이 일본을 바라보는 시선은 왕비와 달라도 너무 달랐다.

왕비는 이 같은 대원군의 태도가 몹시 안타까웠다. 일본을 그런 식으로 비웃으며 국교를 계속 거절한다면 일본은 기필코 전쟁을 일으키고 말 것이기 때문이었다. 더구나 이제 일본은, 조선에서 처음 문화를 전해 받던 미개한 나라가 아니라 청나라에 견줄만한 강대국이 되어 있었다.

무엇보다도 나라의 장래를 위해서 대원군은 권좌에서 물러나야 한다고 왕비는 생각했다. 하지만 정권을 내놓으려는 생각을 전혀 하지 않고 있는 대원군을 권좌에서 물러나게 할 방법은 없었다. 그래서 왕비는 여론을 일으키는 방법을 생각하게 되었다. 그것이 바로 상소였다. 아무리 독재적인 임금이라고 해도, 대신들이 힘을 합치면 결국 임금도 대신들에게 굴복하게 되는 일이 역사에는 수없이 많았다. 왕비는 그동안 읽은 책들 가운데에서 그 방법을 찾았다.

그래서 며칠 뒤 왕비는 다시 민승호를 불렀다. 이처럼 중요한 시기에 나라를 위해 나서 줄 수 있는 사람은 민승호밖에는 없기 때문이었다.

"오라버니, 지금 당장 국태공께 상소를 올리십시오. 그리고 일본의 국교 교섭을 계속 거절하면 조선은 언제 일본에게 침략 당할지 모르며, 그렇게 되면 개화할 수 있는 기회를 영영 잃어버리게 될지도 모른다고 하십시오."

이에 민승호는 자신이 나설 때가 되었다는 것을 깨달았다. 하지만 아직도 최고의 권좌에 있는 대원군에게 대항하는 것은 쉽지 않은 일이었다. 조정에 고종임금의 편을 드는 대신들이 있다고는 하지만, 아직은 대원군 편의 사람들이 더 많기 때문이었다. 때문에 민승호는 너무 긴장한 나머지 숨도 제대로 쉬지 못했다.

그러나 왕비는 돌처럼 굳은 민승호의 얼굴을 뚫어지게 바라보며 또 이렇게 말했다.

"그리고 흥인군 대감과 의논해서 부산에 와 있는 일본 외무관에게 사람을 보내, 그를 달래 주도록 하세요. 그래도 국교 교섭을 하러 온 한 나라의 사신인데 국태공께서 비웃으며 냉대를 하였으니 화가 많이 나 있을 것입니다."

"예, 알겠습니다."

긴장은 되었지만 그래도 민승호는 자신 있게 대답했다.

하지만 아직 대원군이 조정을 장악하고 있는 가운데 상소를 올린다는 것은 크나큰 모험이었다. 더구나 혼자서 대원군의 정책에 반대하는 상소를 올리는 것은 무모한 일로 보였다.

그러나 민승호는 어떤 일이 있어도 왕비를 위해 발 벗고 나서겠다고 굳게 마음먹었다. 오래전부터 민승호는 왕비를 위해서라면 무엇이든 해내겠다는 각오를 하고 있었던 것이다. 민승호는 왕비의 힘든 어린 시절을 한 번도 잊은 적이 없었다. 그래서 망설이지 않고 대원군의 정책에 반대하는 상소를 올렸다.

민승호의 상소를 읽은 대원군은 깜짝 놀랐다. 여태까지 대원군 정책에 반대를 하거나 민승호와 같은 상소를 올린 사람은 한 사람도 없었기 때문이다.

"감히 내 정책을 비판하는 상소를 올리다니 용서할 수 없는 일이다. 그런데 조정에서 한마디도 하지 못하던 민승호가 어떻게 이런 상소를 올리게 되었을까?"

그제야 대원군은 조정을 다시 꼼꼼하게 살펴보았다. 그런데 중요한 자리는 모두 왕비의 집안사람들이거나 대원군에게 불만이 많은 사람들이 차지하고 있었다. 비로소 대원군은 무릎을 치며 깊은 탄식을 했다.

"어허, 언제 민승호를 비롯한 민씨 세력들이 호조와 병조 등 중요한 직책을 다 차지해 버렸을까? 도대체 언제……."

하지만 모든 것은 돌이킬 수 없는 지경으로 변해 있었다. 민승호가 상소를 올리고 나자 대신과 관리들의 여론도 들끓기 시작했던 것이다.

누구보다 대원군의 독재와 폭정에 불만이 쌓였던 성균관 유생들과 대신들은 서로 앞을 다투어 상소를 올렸다. 그 가운데에서도 최익현은 노골적인 상소를 올려 주목을 받았다. 그는 상소에 대원군의 잘못을 일일이 지적하고, 임금이 성년이 되었으니 마땅히 물러나야 한다고 적고 있었다.

이것은 조선의 최고 권력자인 대원군을 향해 날린 정면도전이었다. 정승 판서도 아닌 일개 승지의 이 같은 상소에 조정은 숨 막히는 긴장에 사로 잡혔다.

하지만 고종임금은 이런 날을 기다리고 있었다. 불의를 보면 의연히 떨치고 나설 줄 아는 신하를 기다려 왔던 것이다.

고종임금은 처음으로 용기 있는 신하를 만난 것이 기뻤다. 때문에 그 같은 신하에게 상을 주어 더욱 용기를 북돋워 줘야겠다고 생각했다. 또한 용기 있는 신하를 대원군의 보복으로부터 보호해 줘

야 했기 때문에, 대신들을 모두 모아 놓은 자리에서 최익현을 호조 참판으로 승진시켰다.

"최익현은 충성된 마음으로 과인을 일깨우는 사람이니 그를 승진시키는 것은 당연한 일이다."

이것은 매우 파격적인 인사였다. 그리고 기필코 친정을 하고 말겠다는 의지이기도 했다. 고종임금은 더 이상 철부지 장난꾸러기 소년이 아니었다. 신하를 인자하게 다스릴 줄 아는 임금이었고, 과감하게 왕권을 다룰 줄 아는 임금이 되어 있었다. 이렇게 용기 있는 고종임금의 뒤에는 왕비가 있었다. 왕비는 고종임금에게 지혜의 샘이었다. 그리고 왕비는 그 샘물을 책에서 길어왔다.

최익현에 대한 파격적인 인사를 단행하고 난 뒤 왕비는 다시 고종임금에게 이렇게 말했다.

"이제부터 국태공께서 대대적으로 반발을 하실 것입니다. 그러나 상감마마께서는 이런 반대를 극복하셔야 합니다. 그러면 최익현의 상소가 또 올라올 테니까요. 그러면 그때 친정 선포를 하십시오."

왕비는 이미 대원군이 천하장안(천희연, 하정일, 장순규, 안필주 무리를 일컫는 말로, 대원군의 파락호 시절 심복들)이라는 네 명의 심복들을 사간원과 사헌부로 보내 대대적인 상소를 일으킬 것을 내다보고 있었다. 대원군을 임금의 아버지로 대접해 주는 것은 옳지만 정권을 주어서는 안 된다는 최익현의 상소도 이미 예상했다.

이처럼 왕비는 앞날을 내다보는 안목이 뛰어났다. 조정의 대신들도 내다보지 못하는 앞날의 정치를 장기판처럼 읽어내고 있었던 것이다.

왕비의 예상대로 조정에는 사간원과 대사헌의 상소가 산처럼 쌓였다. 대원군에게 정권을 주면 안 된다는 최익현의 상소도 올라왔다. 이에 고종임금은 사간원과 대사헌의 관리들을 관직에서 쫓아낸 다음 친정 선포를 했다.

고종임금은 원래 천성이 모질지 못하고 마음 착한 왕이었다. 일본의 정한론을 경계하기 위해 어쩔 수 없이 친정 선포는 했지만, 아버지 대원군을 조정에서 밀어낼 때 몹시 마음 아파했다.

하지만 왕비는 나라와 정권이 임금이 아닌 특정인의 전유물이 되어서는 안된다고 생각했다. 그래서 옳다고 생각한 일을 과감하게 밀어붙인 것이었다. 그러나 고종임금에게 정권을 되찾도록 한 일은 유교 사상에 지배당하고 있는 민중들에게 오랫동안 지탄의 대상이 되기도 했다.

때문에 1873년 11월 5일 아침 친정 선포를 하고 난 고종임금과 왕비의 표정은 몹시 어두웠다. 당시 궁궐과 운현궁 사이에는 직통으로 통하는 임금 전용의 경근문과 대원군 전용의 공근문이 있었는데, 그 문을 모두 폐쇄해야 했기 때문이었다. 그러나 모든 일은 고종임금의 친정을 위한 일이었기 때문에 두 문은 폐쇄될 수밖에 없었다.

3장

꺼지지 않는 불꽃처럼

험난한 개국의 길

고종임금이 정권을 잡은 때는 혼란과 격동의 시대로 치닫는 때였다. 안동 김 씨 세도정치 때부터 이미 기울어진 나라는 점점 회생할 기력을 잃어 갔고, 국력은 바닥을 보이고 있었다. 때문에 죽어가는 사슴에게 파리가 모이듯 세계열강은 군침을 흘리며 조선을 집어삼키기 위해 달려들고 있었다.

그 가운데 어느 나라보다도 일본은 침략의 야욕이 강한 나라였다. 청나라에 뒤지지 않을 만큼 강대국이 된 일본의 그런 압력에 못이겨 조선이 일본과 수교를 하게 된 건 1876년 2월 2일이었다. 조선의 정권이 바뀌자 일본은 더욱더 적극적으로 국교 요청을 해 왔는데 아직 아무 준비도 하지 못하고 있는 고종임금은 계속 국교 요청을 미루다 일본의 위협에 못 이겨 강제로 조약을 체결하고 말았던 것이다.

일본이 군함을 동원하여 적극적으로 국교를 요청하게 된 배경에는 이보다 먼저 세자 책봉 사건이 있었다. 그리고 그 앞에는 크고 작은 폭발 사건들이 있었다.

맨 처음 폭발 사건은 고종임금이 정권을 잡은 첫해 겨울 경복궁의 순희당에서 일어났다. 누군가 왕비를 시해하려고 왕비의 방에 폭탄을 설치해 놓은 것이었다. 다행히 그때 왕비는 방에 없어서 화를 피할 수 있었지만 경복궁의 전각 150여 채는 모두 불에 타 재로 변하고 말았다. 경복궁은 대원군이 백성들의 피를 짜서 지은 궁궐로, 훗날 조선 시대 건축예술의 백미로 남게 된 궁궐이다. 그런 궁궐이 타 버린 것은 엄청난 문화재 손실이었다.

그다음 폭발 사건은 민승호 집에서 일어났다. 그날은 왕자 척이 태어난 지 열 달이 되는 날로 민승호의 생일이기도 했는데, 함안 군수가 작은 북을 담아 보낸 상자에서 폭탄이 터진 것이었다. 폭탄이 터지자 민승호는 그 자리에서 목숨을 잃고 말았다.

민승호가 세상을 떠난 지 얼마 지나지 않아서는 흥인군 이최응의 집에서 또 방화 사건이 일어났다.

이렇게 끊임없이 불안한 사건들이 일어나자 고종임금은 포도청에 범인 체포 명령을 내렸다.

    그런데 오랫동안 아무리 해도 잡을 수 없던 범인은 잡고 보니 대
원군의 심복인 신철균의 하인이었다. 이 일은 고종임금과 왕비에
게 큰 충격을 안겨 주었다.

    이 같은 사건들을 겪고 나자 왕비는 걷잡을 수 없는 불안에 휩싸
이게 되었다. 누군가 끊임없이 자신의 목숨을 노리고 있다는 생각
에 주변 사람도 믿지 못할 정도였다. 때문에 왕비는 왕권을 더욱 강

화해야 한다는 강박감에 시달리게 되었다. 왕권을 찬탈하려는 음모가 어디선가 끊임없이 꾸며지고 있을지도 모르고, 왕비를 시해하기 위해 기회를 노리고 있을지도 모른다는 생각에 왕비는 몰라보게 여위고 신경이 매우 날카로워졌다. 왕비의 성격이 표독하다고 한 것은 이때 나온 말이었다.

그만큼 왕비는 하루하루가 불안했다. 그 가운데에서도 무엇보다 왕비를 불안하게 만드는 것은 완화군이었다. 어느덧 네 살이 된 완화군은 영보당이 없는데도 의젓하고 예의 바른 왕자로 자라고 있었다.

그래서 왕비는 왕권의 안정을 위해 왕자 척을 세자로 책봉해야 한다고 생각했다. 왕비에게서 태어난 왕자가 세자로 책봉되는 것은 매우 당연한 일이기 때문이었다. 하지만 척의 나이는 이제 겨우 두 살이었다. 세자로 책봉되려면 적어도 다섯 살은 넘어야 하는데 왕비는 그때까지 기다릴 수 없었다. 세계정세가 급변하는 삼사 년은 너무 긴 시간이기 때문이었다.

하여 고종임금과 의논한 뒤 이유원을 청나라로 보내 세자 책봉에 대한 허락을 받아 오기로 했다. 당시 조선은 외교 문제의 일부만 단독으로 처리할 수 있을 뿐, 나머지는 청나라의 법에 따라야 했기 때문에 세자 책봉도 청나라 황제의 허락을 받아야 했다. 그런데 이유원이 청나라로 출발하기도 전에, 청나라 황제가 나이 서열에 따라 완화군을 세자로 책봉할 것이라는 소식이 전해졌다.

그때 마침 부산에는 일본 외무대승 하나부사 요시모토가 국교 교섭을 벌이기 위해 와 있었다. 왕비는 이 소식을 듣자마자 부산으로 이유원을 보내 척의 세자 책봉 문제를 도와주도록 부탁했다. 이 일은 쇄국주의자들과 지방 유생들의 거센 반발을 불러일으켰다. 하지만 왕비는 왕권만 안정되게 할 수 있다면 이런 것쯤은 얼마든지 참을 수 있다고 생각했다.

국교 교섭의 조건이 걸려 있는 만큼 일본은 청나라 주재 일본 공사관에 연락해 재빨리 왕자 척의 세자 책봉 문제를 성공시켰다. 그리고 이 기회를 놓치지 않고 세자 책봉을 도와준 일을 빌미 삼아 다시 국교를 요청하기 시작했다.

하지만 고종임금과 왕비는 어떻게 수교를 해야 하는지 잘 몰랐다. 조선은 그때까지도 중국을 섬겨 오기만 했을 뿐, 외교를 한 적이 없는 나라였다. 그러니 외교에 관한 법안이나 전례가 남아 있을 턱이 없었다. 거기다 쇄국정책으로 무장된 대신과 백성들의 반대도 걸림돌로 작용했다.

고종임금과 왕비가 어떻게 외교를 할 것인가 고민하는 동안 일본은 조선이 수교할 의사가 없는 나라라고 단정지었다. 그리고 강화도 침공 사건을 일으켰다. 이들은 초지진 앞까지 다가와 조선의 포병이 먼저 공격하도록 유도해 놓고, 초지진과 강화도를 쑥대밭으로 만들어 버린 것이었다. 그리고 피해를 보상하라며 생떼를 쓰고 나섰다.

　이것은 일본의 악랄한 외교 수법이었다. 고종임금은 물론 이런 일본의 억지에 대응하고 싶은 마음이 조금도 없었다. 수교에 응하지 않을 경우 발생하게 될 일본의 침략만 아니라면, 억지로 국교 요청에 응하지도 않았을 것이다. 고종임금이 국교 요청에 응하기로

한 것은 일본이 5일 안에 수교에 응답해 주지 않으면 조선을 침략하겠다고 위협해 왔기 때문이었다.

일명 한일통상조약이라고도 하고 병자수호조약이라고도 하는 강화도조약이 체결된 것은 청나라 이홍장의 편지 때문이었다. 당시 부동항이 시급했던 러시아는 남쪽으로 진출하려 하고 있었고, 영국은 자국의 세계 진출에 방해가 되는 러시아를 일본을 이용해 막으려고 기를 쓰고 있었다. 그때 러시아와 청나라가 전쟁을 치르게 되자 일본은 그 틈을 이용해 타이완을 공격해 청나라가 조선을 대신해서 싸울 힘을 빼앗아 버렸다. 이때 국제적인 위상이 흔들린 청나라는 일본의 침략이 두려워 조약을 체결하도록 했다.

조약을 체결하기 전부터 일본의 일방적인 위협에 시달렸을 만큼 불평등한 두 나라의 관계는 조약의 내용으로 이어졌다. 조약의 제1조만 조선과 일본은 평등한 나라라고 되어 있을 뿐 처음부터 끝까지 불평등한 내용으로 일관했다. 여기서 주목할 조약의 내용은, 조선에서의 일본인 범죄는 일본법에 따른다는 것이었다. 하지만 이 법이 훗날 왕비 시해범들에게 적용될 줄은 조약을 체결할 당시 아무도 몰랐다.

그런데 나라의 혼란은 강화도조약이 체결되고 일본과 통상이 시작 되면서부터 더욱 심각해지기 시작했다. 무엇보다 이때부터 임오년에 군란이 일어날 조짐이 엿보이고 있었다.

강화도조약에 따라 통상이 시작되자 조선은 일본의 시장으로 변해 버렸다. 일본은 석유, 염료, 양잿물, 양철 등의 공산품을 조선에 내다 팔았고 대신 조선에서는 질 좋은 쌀을 사갔다. 일본이 조선의 쌀을 모조리 긁어 가는 바람에 물가는 하늘 높은 줄 모르고 치솟았고, 일본의 공산품에 밀려 파산하는 조선의 수공업이 속출했다.

그 바람에 나라에는 극도의 혼란이 야기되었다. 당시 쌀은 화폐와 같은 역할을 했기 때문이었다. 전국 방방곡곡에는 불평불만이 가득했고, 군인들과 관리들의 월급이 밀리는 일이 자주 생겼다. 하루아침에 생계 수단을 잃고 살던 곳을 떠나 도둑이 되는 백성들도 부지기수였다.

이 모든 것은 나라의 외교적 경험이 부족해서 생긴 일이었다. 아무 대책도 세우지 못하고 시작한 통상이 빚은 혼란은 결국 임오군란으로 이어졌다.

분노와 치욕의 피난길

　임오군란이 일어난 날은 오랜 가뭄 끝에 단비가 내리는 날이었다. 봄부터 지독하게 가물던 날씨는 5월까지도 비 한 방울 내려 주지 않더니 그제야 단비가 쏟아져 내렸다.

　그렇게 기다리던 비가 오는데도 왕비는 아랑곳하지 않았다. 다만 홍상궁이 벗어 준 옷을 갈아입고서 어떻게 궁궐을 빠져나가야 할지 궁리만 할 뿐이었다. 궁궐 안 곳곳에서는 "왕비를 찾아라. 그러지 않으면 너희는 죽은 목숨이다"라는 고함 소리가 들려왔고, 그때마다 군인들의 함성이 크게 울려왔기 때문이었다. 그래서 왕비는 궁궐 마당에서 꼼짝달싹도 하지 못한 채 쩔쩔맬 수밖에 없었다.

　홍상궁이 왕비에게 달려와 자신이 입고 있던 옷을 벗어 준 것은 한참 전이었다. 그때 왕비는 고종임금부터 안전하게 피신시킨 뒤 큰방상궁에게 세자를 돌봐 달라는 부탁을 하고 있었다.

"세자를 부탁한다. 잘 지켜 다오."

"세자마마 걱정은 하지 마시고 부디 옥체 보존하십시오."

그때 홍상궁이 왕비가 있는 방으로 뛰어 들어온 것이었다. 홍상궁은 무예별감 홍계훈의 동생이었다.

"중전마마, 지금 궁궐은 군인들 천지여서 밖으로 빠져나갈 수가 없습니다. 빨리 제 옷으로 갈아입으십시오. 어서……."

홍상궁이 옷을 벗어 주며 재촉하자 왕비는 재빨리 홍상궁의 옷으로 갈아입었다. 왕비를 찾는 군인들의 고함 소리가 가까이에서 들려왔기 때문이었다.

"오늘 너의 은혜는 결코 잊지 않을 것이다."

그리고 왕비는 궁녀들과 함께 전각을 빠져나갔다. 이때 홍상궁은 다시 궁녀를 불러 주의할 것을 또 일러주었다.

"누구든지 중전마마를 찾거든 너희들은 절대 모른다고 해야 한다."

왕비는 궁녀들과 함께 궁궐 마당으로 나섰다. 그런데 그때 정의길 등 구식 군인들 한 무리가 들이닥쳤다. 군인들은 겁에 질린 궁녀들이 우르르 몰려나오자 왕비의 곁에 있는 궁녀에게 칼을 들이댔다.

"왕비는 어디 있느냐?"

그러자 궁녀는 벌벌 떨면서 대답하였다.

"모, 모릅니다."

다른 궁녀도 마찬가지였다. 겁에 질린 궁녀들이 하나같이 모른다고 하자 군인들은 왕비를 찾기 위해 다른 곳으로 달려갔다. 하마터면 흥인군 이최응이나 민창식처럼 죽임을 당할 뻔했던 위기의 순간은 그렇게 지나갔다. 좀처럼 침착함을 잃지 않던 왕비도 이때만큼은 몸이 사시나무처럼 떨리는 것을 느꼈다. 언제 또 군인들이 왕비에게 되돌아올지 모르기 때문에 왕비는 숨도 제대로 쉴 수 없었다. 빨리 왕비를 찾아야 한다는 고함도 여전히 들려왔기 때문이다.

그런 가운데서도 왕비는 천천히 궁궐을 둘러보았다. 어느 새 궁궐은 난장판으로 변해가고 있었다. 이 광경을 바라보는 왕비는 어떻게 설명할 수 없을 정도로 가슴이 참담해지는 것을 느꼈다.

군인들의 발에 짓밟히고 있는 궁궐은 어지러운 조선의 현실을 그대로 반영하고 있었다. 텅 비어 가는 나라의 창고와 가득 찬 대신들의 곳간, 나라의 안보를 위해 골치를 앓는 임금과 왕비, 매관매직과 백성을 착취하는 관리들. 일본의 쌀 수탈로 인해 배고픔을 견디지 못한 군인들의 반란은 강화도조약을 체결하는 당시부터 이미 예정됐던 것이었다.

군인들에게 짓밟히는 궁궐을 바라보던 왕비는 나라의 앞날을 생각하며 몸을 떨었다. 나라의 내란은 곧 외세의 침입으로 이어질 수도 있기 때문이었다.

　왕비도 반란을 일으킨 군인들의 심정을 이해 못하는 것은 아니
었다. 엊그제 군인들은 월급이 밀린 지 13개월 만에 겨우 한 달 치
월급을 받았다. 그런데 월급으로 받은 쌀은, 모래와 겨가 절반 이상
섞여 있는 데다 썩은 것이 태반이어서 밥을 해 먹을 수 없는 상태
였다. 화가 난 군인들은 도봉소 창고지기들에게 강력하게 항의했
다. 그러나 창고지기들은 오히려 군인들에게 욕을 하며 달려 들었
다. 이에 군인들의 쌓였던 분노가 폭발하고 만 것이었다. 당시 도봉
소를 관리하는 선혜청의 당상은 병조판서를 겸임하고 있던 민겸호
였는데, 그는 민승호가 죽고 난 뒤 왕비의 오빠가 되었다. 하인들이
이 같은 민겸호의 권력을 믿고 군인들에게 행패를 부렸기 때문에
군인들의 불만이 폭발하게 된 것이었다. 게다가 다섯 배나 많은 별
기군의 월급은 한 번도 밀린 적이 없는데, 구식 군인들은 언제 해산
될지 모른다는 소문이 나 있는 상태였다. 일본과 통상을 시작하면
서 군사력을 증강하기 위해 신식 군대인 별기군을 만든 조정에서
는 이들만을 지원했기 때문에 구식 군인들의 불만이 쌓일 대로 쌓
여 있었던 것이다.

　이 같은 불만이 모래 섞인 쌀로 인해 한꺼번에 터지자 도봉소는
순식간에 아수라장으로 변해 버렸다. 그런데 민겸호는 쌀을 빼돌
린 창고지기들은 놔두고 폭동을 일으킨 군인들만 체포하고 구속시

켜 버렸다.

갑작스럽게 시작된 이 사건은 체포된 군인들이 처형될 것이라는 소문이 돌면서 점점 더 커졌다. 체포된 군인들의 동료와 가족들이 구명 운동을 하기 위해 민겸호의 집을 찾아갔는데, 하인들이 대문을 열어주기는커녕 지붕에서 돌과 기왓장을 던져 그들을 다치게 했기 때문이었다.

또다시 분노가 폭발한 이들은 대문을 부수고 기어이 민겸호의 집으로 쳐들어갔다. 그러나 민겸호는 집에 없었다. 아무리 해도 민겸호를 찾을 수 없는 군인들은 닥치는 대로 사람들을 죽이고, 창고에 가득 차있는 보물을 꺼내 놓고 불을 질렀다.

한 나라 재상의 집이 아수라장으로 변하자 이들의 얼굴은 두려움으로 가득 찼다. 한순간의 광분으로 민겸호의 집을 난장판으로 만들기는 했지만, 후환을 감당할 만한 힘이 이들에게는 없기 때문이었다.

곳곳에 피를 흘리며 쓰러져 있는 시체와 연기가 피어오르는 보물과 부서진 채 넘어져 있는 가구와 문짝들을 바라보는 이들은 허탈감에 빠졌다. 그리고 생각했던 것과는 다르게 사태가 커져 버린 것을 보고 넋을 놓아버렸다.

'이제 우리는 죽은 목숨이다.'

이렇게 자포자기를 한 이들은 길게 한숨을 쉬었다.

그때 누군가 자리에서 벌떡 일어나며 이렇게 소리쳤다.

"대원군 대감에게 가자. 그분이라면 우리들을 살려 주실 것이다."

반란은 이렇게 시작된 것이었다.

처음 반란 소식이 들려왔을 때 왕비는 고종임금에게 대원군을 만나서 사태 진압을 요청하도록 했다. 빨리 군란을 진정시키지 않으면 언제 강대국들이 침입할지 모르기 때문이었다. 이렇게 위태로운 상황에서도 왕비가 가장 먼저 생각한 것은 나라의 안전이었다.

하지만 대원군은 오랜만에 만난 고종임금에게 다음날 대신 회의에서 의논하자는 대답만 했다. 그리고 다음날 새벽에 궁궐로 들이닥친 것은 대원군이 아니라 군란을 일으킨 군인들이었다. 대원군은 약속을 어긴 것이었다.

왕비는 궁녀들과 함께 군인들이 자신을 찾으러 뛰어다니는 모습을 우두커니 바라보았다.

"왕비를 찾아라. 왕비를 찾지 못하면 너희들은 죽는다."

여전히 이런 고함소리는 사방에서 들려왔다. 군인들은 더욱더 사납게 소리를 지르며 궁궐을 누비고 다녔다. 모든 전각을 뒤지는 발길도 갈수록 험악해졌다. 그래서 더욱더 왕비는 서있는 자리에서 꼼짝도 할 수 없었다. 어떻게 하든 목숨이 위태롭기는 마찬가지였고, 궁궐을 빠져 나가려고 해도 다른 사람의 도움 없이는 어렵기 때문이었다.

그때 우두커니 서서 군인들을 바라보는 왕비 옆에 가마가 멈추었다. 가마를 세운 사람은 바로 민부대부인이었다. 민부대부인은 사태 진압을 위해 정권을 일임 받은 대원군을 따라 궁궐에 들어온 길이었다.

민부대부인은 비에 흠뻑 젖은 왕비를 보자마자 가마로 이끌었다.

"대체 이게 무슨 일입니까? 이 아수라장 속에서 빨리 찾지 못하면 어쩌나 걱정했습니다. 어서 가마에 오르세요."

그때 무예별감 홍계훈도 어디선가 왕비를 보고 달려왔다. 그러나 군인들의 눈이 있기 때문에 허리를 굽히지 못하고 왕비를 찾았다는 안도감에 가만히 가슴만 쓸어내릴 뿐이었다.

"그렇지 않아도 밖으로 모시려고 찾아다녔습니다."

이렇게 홍계훈이 말하자 민부대부인은 재빨리 가마를 가리켰다.

"오오, 무예별감이시구려. 어서 가마로 모시도록 하오."

그제야 왕비는 군인들의 눈을 피해 얼른 가마에 올랐다. 그러나 가마가 출발하기도 전에 정의길 등 군인들은 다시 돌아와 가마를 넘어 뜨렸다.

"누가 이 난리 가운데서 가마를 타고 다니는 것이냐? 혹시 왕비일지도 모르니 잘 살펴보아라."

정의길이 소리치자 군인들은 가마를 찢고 왕비를 끌어냈다. 상궁의 복장을 한 채 군인들에 의해 가마에서 끌려 나오는 왕비는 누가 보아도 민망하기 짝이 없는 모습이었다.

이를 보다 못한 홍계훈은 군인들을 향해 버럭 소리를 질렀다.

"네 이놈들! 너희들은 이 옷을 보고도 왕비와 상궁을 구별하지 못한단 말이냐? 이 여자는 어려서 궁궐에 들어온 내 누이다. 지금 내 누이는 몹시 아픈데 궁궐이 이 모양이라 밖으로 데려가는 중이다. 어서 비켜라."

그리고 홍계훈은 왕비에게 넓은 등을 덥석 내밀었다.

"네가 걱정이 되어 찾아다녔는데 이게 무슨 꼴이냐? 어서 내 등에 업혀라."

왕비는 홍계훈의 말이 끝나기가 무섭게 홍계훈의 등에 업혔다. 그리고 두 눈을 질끈 감았다. 처음 통상을 시작할 때 나라가 혼란스러운 것은 알았지만, 군인들의 불만이 생각보다 크다는 것을 깨달았기 때문이었다.

이렇게 군란이 일어난 것은 국력이 약하다는데 큰 원인이 있었다. 하지만 왕비는 나라의 궁궐을 짓밟는 것은 절대 용서할 수 없는 일이라고 생각했다. 누구보다도 왕권과 왕실의 전통을 중요하게 여겼기 때문이었다.

사태가 이렇게 발전된 데에는, 통상도 통상이지만 백성들 대부분의 직업이 농업이라는 것도 있었다. 당시는 저수 시설이 미비했기 때문에, 비가 내리기 전에는 가뭄을 해결할 방법이 없는 데다 일

본의 쌀 수탈이 가중되면서 군란이 일어난 것이었다.

　하지만 고종임금과 왕비는 이 같은 나라 안의 사정을 돌아볼 여유가 없었다. 국내 형편보다는 나라의 안보가 훨씬 더 급했기 때문이었다. 『조선책략』에 따라 일본을 견제할 수 있는 세력을 끌어들이려면 미국과 수교도 해야 했고 국력을 증강하는 문제도 신경을 써야 했다.

　『조선책략』은 김홍집이 수신사로 일본에 갔을 때 가져온 책이었다. 강화도조약이 체결되고 난 뒤 정부에서는 김홍집 등 개화파로 구성된 수신사를 일본에 파견한 적이 있었다.

　그러나 피난을 가는 왕비는 『조선책략』이 아니라 수치와 분노를 가슴에 새겼다. 이때의 분노가 얼마나 깊었는지는, 훗날 동학란 때 청나라 구원병을 요청하면서 다시 언급한 것만 봐도 잘 알 수 있는 일이다.

　그렇게 수치스러운 만큼 왕비의 피난길은 험난했다. 망우리를 넘을 때도, 한강을 건너기 위해 배 삯으로 반지를 떨어뜨려 줄 때도, 장호원 민응식의 집에 도착할 때까지도 끊임없이 군인들의 눈을 피해야 했다. 대원군을 두려워한 백성들 대부분이 왕비를 숨겨 주길 꺼려했기 때문이었다.

국망산 아래에서 그리운 서울로

왕비는 장호원에 있는 민응식의 집으로 피난을 온 뒤 국망산에 오르는 일을 하루도 거르지 않았다. 임오군란 때문에 위기에 빠진 나라와 고종임금에 대한 걱정이 그만큼 컸기 때문이었다. 국망산은 민응식의 마을 뒤에 있는 산으로 왕비가 날마다 산에 올라 나라를 걱정했다고 해서 붙여진 이름이다.

왕비는 윤태준이 다녀간 다음날에도 민응식과 국망산에 올랐다. 그날도 날씨는 찌는 듯이 무더워서 땀이 비 오듯 쏟아지고 숨이 턱까지 찼다. 그러나 왕비를 경호하기 위해 뒤따르는 민응식과 하인들은 한 마디 불평도 하지 않았다.

오직 민응식이 걱정하는 것은 왕비의 건강이었다. 피난 생활을 하는 가운데 쇠약해진 왕비의 몸에 병이라도 날까 염려되었기 때문이다.

"중전마마, 쉬었다 가시지요. 한꺼번에 너무 많이 오르시면 병이 나실지도 모릅니다."

그러자 왕비는 가쁜 숨을 몰아쉬며 민응식을 돌아보았다.

"나는 괜찮소. 하지만 아랫 사람들을 보니 쉬었다 가는 것이 좋을 것 같구려."

자신이 힘든 때에도 이렇게 상대를 배려하는 왕비의 마음은 피난 생활 가운데에서도 잘 나타났다. 물론 왕비 자신이 산을 오르기

가 힘들기도 했지만, 그보다 자신 때문에 쉬지 못하는 하인들을 먼저 생각했던 것이다. 아무리 낮은 신분이지만 하인들도 엄연히 이 나라의 백성이기 때문이었다.

　모든 일을 손발처럼 일해 주는 하인이 없는데 일반 백성이 있을 수 없고, 백성이 없는데 나라가 있을 수 없는 법이었다. 왕비는 어려서 학문을 배울 때부터 갖게 된 이 생각을 고종임금을 도와 정치를 할 때 자신의 기본 사상으로 삼았다.

아버지 민치록의 묘를 이장(무덤을 옮기는 것)할 때만 봐도 왕비의 이런 생각은 매우 잘 나타나 있다.

민치록은 집안이 어려울 때 세상을 떠나서 좋은 곳에 묻히지를 못 했다. 왕비는 궁궐로 들어가고 난 뒤 무엇보다 이 점이 마음에 걸렸다. 그래서 실력 있는 지관에게 묘지로 좋은 땅을 찾아보도록 했다. 왕비의 명령에 지관은 좋은 묏자리를 찾아 헤매다 명당을 발견하게 되었다. 그런데 하필이면 그 자리에 이미 다른 사람의 묘가 있는 것이었다. 그래서 지관은 몇 번이고 입맛을 쩝쩝 다신 뒤 왕비에게 돌아와 이렇게 말했다.

"부원군(왕비의 친아버지) 대감의 묏자리로 굉장히 좋은 곳을 발견했습니다만, 그곳에는 이미 다른 사람의 무덤이 있었습니다. 하오니 그 무덤을 다른 곳으로 옮기게 하시고 부원군 대감을 모시는 게 어떻겠습니까?"

그러나 왕비는 지관의 말에 고개를 저었다.

"안 될 말이다. 부모를 생각하는 마음은 임금이나 백성이나 다 똑같은 것인데, 나를 이롭게 하자고 남을 해롭게 해서야 되겠느냐? 찾아보면 다른 곳에도 좋은 자리가 있을 것이니 다시 찾아보도록 해라."

다른 대신들 같았으면 얼씨구나 하고 지관의 말을 따랐겠지만 왕비는 백성들에게 돌아갈 피해를 먼저 헤아렸다. 아버지 민치록의 묘를 옮기는 일은 국가적인 일이 아니라 개인적인 일이었기 때문에 이 일을 맡긴 관리에게는 다음과 같이 말하기도 했다.

"상여가 지나갈 때 백성들의 논밭이 훼손되고 백성들의 집을 옮기게 하는 일이 생길 것이오. 그러면 그 값을 반드시 후하게 쳐주도록 하시오. 돌 한 개, 흙 한 줌도 백성들 것은 거저 쓰지 말도록 하시오. 또한 묘를 옮기는 데 드는 비용도 국고나 백성들에게서 가져다 쓰는 일이 없어야 할 것이요."

이 이야기는 훗날 명성황후의 장례식에서 장차 순종임금이 될 황태자 척이 지어 바쳤던 『명성태황후 행록』이라는 글에 나와 있는 것이다. 뿐만 아니라 황태자 척은 행록에 다음과 같은 기록도 남겨 놓았다.

　　나라가 있는 것은 백성이 있기 때문이다. 그런데 백성이 없다면 어떻게 나라가 있을 수 있겠느냐? 따라서 백성은 나라의 근본이 되는 것이며 그 근본이 견고해야 나라가 강해질 수 있다.

이 말은 일찍이 왕비가 세자 척을 가르칠 때 자주 들려주었던 말이었다. 그리고 농촌 생활과 도시 생활을 모두 겪어 본 경험에서 나온 말이기도 했다.

그런데 군인들은 이런 왕비의 뜻을 조금도 알지 못했다. 그저 나라의 힘이 약했기 때문에 불리한 강화도조약을 체결하게 되었고, 그래서 결국 일본과의 통상이 나라를 혼란스럽게 한 것인데, 당장 먹고 살기 급한 군인들은 왕비의 뜻을 알려고도 하지 않았다.

군란이 일어나던 무렵에는 일본의 쌀 수탈로 혼란이 극에 달하던 때였다. 이렇게 혼란이 가중된 데에는 오랜 가뭄과 관리들의 부정부패에도 원인이 있었다.

하지만 이런 문제들을 하루아침에 해결할 방법은 없었다. 수리 시설이 하나도 없던 당시로서는 하늘에서 비가 내리기 전에는 어떻게 할 방법이 없었고, 약한 국력으로는 일본의 쌀 수탈을 막을 수 없었으며, 오래전부터 약해져 있던 왕권으로는 관리들의 부정을 척결할 방법이 전무했다.

게다가 통상을 가장한 외세는 물밀듯이 밀려왔기 때문에, 고종 임금과 왕비는 이런 국내 문제에 신경 쓸 겨를조차 없었다. 김홍집이 가져온 『조선책략』에 따라 미국과 프랑스 등 세계 열강과 수교를 하고, 조선에서의 힘이 점점 커지는 일본을 견제해야 하는 등 나라를 위해 해야 할 일이 한두 가지가 아니었다. 강화도조약을 체결하고 통상을 하고 다른 나라와 수교를 한 것은 모두 외세의 침략으로부터 나라와 백성을 지키기 위해 한 일이었다.

강화도조약을 체결하고 난 뒤 김홍집 등 개화파로 구성된 수신사를 일본에 보낸 것도 나라를 지키기 위해 한 일이었다. 이 때 김홍집 등은 일본의 문물을 살피고 난 뒤 불리하게 체결된 조약을 고치기 위해 일본 정부와 만나려고 했다. 그러나 조약 개정은 일본 정부가 만나 주려고 하지 않아 실패로 돌아가고 말았다. 그 대신 김홍집은 일본 주재 청나라 공사 황쭌셴(黃遵憲)으로부터 조선 외교의 방향을 정리한『조선책략』이라는 책을 얻어 왔다.

고종임금과 왕비가 서양의 여러 나라와 수교를 한 것은『조선책략』에서 말한 이이제이(오랑캐로 오랑캐를 무찌름) 정책을 따른 것이었다. 외교적인 경험이 없는 조선에『조선책략』은 훌륭한 외교 지침서가 되었기 때문이다.

그러나 이 책은 조선을 위해 쓰여진 책이 아니었다. 이것은 어디까지나 청나라 입장에서 그들의 이익을 보호하려고 쓰인 책이었다. 하지만 왕비는 이것까지도 조선의 입장에 유리하게 만들려고 애를 썼다. 왕비는 이 책의 내용을 활용하는 것이 나라가 살길이라고 믿었다.

그렇게 왕비는 나라의 안보를 위해 온갖 노력을 다했는데 군란을 피해 장호원까지 쫓겨 와서 피난 생활을 해야 했다. 민응식은 이런 왕비를 안타까워 했지만 왕비는 결코 좌절하지 않았다. 무당도 왕비의 환궁을 예언한데다 윤태준이 고종임금의 편지를 전해주고 갔기 때문이다. 그래서 민응식은 오랜만에 왕비의 밝은 얼굴을 볼 수 있었다.

산에 다 오른 왕비는 서울 하늘 쪽을 우러러 보았다. 서울에서는 청군과 일본군의 대립이 한창이었지만, 국망산에서 바라보는 서울 하늘 쪽은 평화로워 보이기만 했다. 그런 서울 하늘 쪽을 조금이라도 더 자세히 보고 싶은 왕비는 손차양까지 만들었다.

보름 전쯤 왕비는 자신이 장호원에 있다는 소식을 고종임금에게 알렸다. 그리고 그동안 고종임금과 왕비는 이용익이라는 사람을 통해 서로 편지를 주고받았다. 고종임금과 편지를 주고받는 동안 왕비는 조정의 소식을 자세히 알 수 있었다. 그러는 가운데 윤태준이 공식적으로 고종임금의 편지를 가지고 온 것이었다. 그리고 편지에는 조만간 왕비를 데려갈 사람을 보낼 것이라고 적혀 있었다. 고종임금이 이 같은 편지를 보낼 수 있었던 건 대원군이 청나라 장군 마젠중(馬建忠)에 의해 톈진(天津)의 바오딩부(保定府)로 끌려갔기 때문이었다.

대원군의 납치는 서울에 군대를 주둔시키고 있던 청나라와 일본의 이해관계 때문에 벌어진 일이었다. 그리고 두 나라의 군대 주둔은 청나라 군대가 파견되자 일본도 군대를 파견하면서 시작된 것이었다.

당시 청나라 톈진에 있던 김윤식은 군란 소식에 조정이 위험에 빠졌다고 생각하고 청나라에 구원병을 요청했다. 그동안 일본에게 종주권을 빼앗기고 있던 청나라는 조선 정부를 대변하는 김윤식의 요청을 받자마자 부리나케 군대를 파견했다. 그러자 일본은 일본 국민을 보호해야 한다는 핑계를 대고 청나라보다 먼저 군대를 보낸 것이다.

이때 청나라 군대는 일본 군대보다 숫자가 두 배나 많았다. 때문에 일본군은 청나라 군대와 싸울 수 없다고 생각하고 마젠중에게 대원군과의 회담을 중재해 줄 것을 부탁했다. 대원군에게 거절 당한 임오군란 때의 피해 보상금을 받아 내기 위해서였다.

전쟁을 일으킬 수 없기는 청나라도 마찬가지였다. 청나라는 프랑스 등 열강과 전쟁을 치르느라 일본과 싸울 힘이 그다지 많이 남아 있지 않았던 것이다. 그래서 마젠중은 대원군에게 일본과 회담을 하도록 설득하게 되었다.

그러나 대원군은 일본에 대해 매우 완강했다. 생각보다 대원군이 완고하게 나오자 마젠중은 몹시 곤란한 상황에 빠졌다. 회담을 중재할 수도 없고, 그렇다고 일본과 전쟁을 일으킬 수도 없는 상황이 되자 마젠중은 고민에 고민을 거듭하다 대원군을 톈진으로 끌고 가버린 것이었다.

그리하여 대원군은 자신이 두 번째 정권을 잡은 지 33일째 되는 날 청나라로 끌려갔다. 그리고 고종임금은 대원군이 없기 때문에 왕비에게 윤태준을 보낼 수 있었다. 왕비는 고종임금의 편지를 보고도 썩 기뻐하지 않았다. 사실은 청나라의 도움을 받아 궁궐로 돌아가게 된 것이 몹시 언짢았기 때문이었다.

이윽고 왕비는 민응식과 함께 다시 산을 내려오기 시작했다.

그리고 문득 민응식의 흰 옷과 흰 갓을 돌아보았다.

"내가 참으로 여러 사람들에게 많은 죄를 짓고 있구려. 이렇듯 버젓이 살아 있으면서 백성들에게 상복을 입게 만들었으니 말이오. 나라가 강하고 조정이 튼튼했으면 어디 이런 일이 있었겠소? 그러니 그 보기 흉한 옷은 조금만 더 참고 견디어 주시오."

군란이 일어난 뒤 한동안 군인들은 왕비를 찾기 위해 서울 근교까지 뒤지고 다녔다고 한다. 대원군이 해산 명령을 내렸지만 이들은 왕비의 시체라도 찾기 전에는 집으로 돌아갈 수 없다고 했다 한다. 그러나 오랫동안 계속되는 수색에 민심이 동요하기 시작했다. 그러자 대원군은 고종임금에게 왕비의 죽음을 발표하고 서둘러 장례식을 치르게 했다. 청국군과 일본군이 주둔하고 있는 가운데 민심이 동요하면 일본이나 청나라에게 짓밟히는 것은 시간문제이기 때문이었다.

이때 치러진 왕비의 장례식이 시체가 없는 의대장례식이었다고 한다. 백성들에게 왕비의 시신을 찾지 못했다고 발표하고 시체 대신 왕비의 옷을 관 속에 넣고 가짜 장례식을 치른 것이다.

왕비는 그렇게 자신의 장례식이 치러진 사실을 잘 알고 있었다. 그래서 민응식이 입은 상복을 볼 때마다 마음이 언짢았다. 자신이 버젓이 살아 있는데도 국상이 치러졌다는 사실은 너무도 소름끼치는 일이었다. 때문에 왕비는 하루빨리 진실이 밝혀지기를 간절하게 바라고 있었다. 그리고 그 날은 바로 코앞으로 다가와 있었다.

왕비가 장호원으로 피난을 떠나온 지 어느덧 50일이 되었다. 바로 그날 어윤중이 왕비를 궁궐로 모셔가기 위해 청나라 병사 백여 명을 거느리고 장호원으로 왔다. 그제야 왕비는 나라의 온 백성들이 상복을 벗게 되어서 다행이라고 생각했다.

위기의 왕권을 지키다

왕비는 다시 궁궐로 돌아오고 나서 처음으로 새해를 맞게 되었다. 그런데 나라는 군란이 일어나기 전보다 더욱 혼란스러워져 있었다. 모든 정권은 위안스카이(袁世凱)가 쥐고 있고, 나라는 청나라의 식민지나 다름없었다. 고종임금도 철종임금처럼 허수아비 임금이 되어버린 것이었다.

고종임금을 도와 청나라의 속박에서 나라를 벗어나게 하는 일은 왕비가 할 일 가운데에서도 가장 시급한 일이 되었다. 하지만 청나라의 속박에서 벗어나는 일은 쉽지 않은 일이었다. 우선 국제 정세가 왕비의 이이제이 정책을 펼치기 어렵게 만들고 있는 데다 나라의 힘이 너무도 미약하기 때문이었다. 그래서 왕비는 김옥균이 일본을 이용해 청나라를 물러가게 하겠다고 장담했지만 믿을 수 없다고 생각했다. 얼마 전 고종임금은 김옥균에게 청나라를 물러나게 하는 일의 전권을 위임한 적이 있었다.

왕비는 이런 일들 때문에 밤이 깊었는데도 쉽게 잠을 이루지 못했다. 평소에도 왕비는 나라와 고종임금에 대한 걱정거리가 있으면 잠을 잘 이루지 못할 만큼 신경이 예민해져있기 때문이었다.

방문 위로 시월의 달빛이 환하게 비치는 밤에도 왕비는 고종임금과 마주앉았다. 그리고 고종임금에게 이렇게 물었다.

"상감마마, 김옥균을 어떻게 보십니까?"

갑작스러운 질문에 고종임금은 방문에 비친 달빛을 바라보다 고개를 돌렸다. 그리고 며칠 전에 찾아왔던 김옥균의 모습을 떠올렸다.

"글쎄……, 과인이 보기에는 나라를 위한 애국심이 넘치는 젊은이 같소만……."

평소에도 고종임금과 왕비는 자주 나라의 일들을 함께 의논하곤 했다. 어려운 일이 생길 때마다 고종임금이 왕비에게 의견을 구하곤 했기 때문이다. 그만큼 왕비의 정치적 역량과 판단은 여느 대신들보다 뛰어났다.

또한 왕비의 이런 정치적 역량은 어려운 때일수록 더욱 빛이 났다. 나라에 어려운 문제가 생기면 대신들은 보통 쩔쩔매기 일쑤였지만, 왕비는 혼자 밤을 새워서라도 해결 방법을 찾아내곤 했다.

그런데 이날은 반대로 왕비가 물으면 고종임금이 대답을 하고 있었다. 왕비는 상대방을 꿰뚫을 듯 빛나는 눈으로 고종임금을 바라보았다.

"상감마마의 말씀대로 김옥균은 애국심이 넘치는 젊은이가 틀림없습니다. 그런데 김옥균의 말대로 우리 조선이 청나라의 속박에서 벗어나게 된다면, 그다음에는 일본이 과연 어떻게 나올 것 같습니까?"

너무도 예리한 질문에 고종임금은 왕비의 얼굴을 빤히 쳐다보기만 했다. 그러자 왕비는 두 눈을 반짝이며 이렇게 말했다.

"위안스카이가 물러가면 그다음에는 틀림없이 일본 공사 다케조에 신이치로가 정권을 쥐겠다고 달려들 것입니다. 결국 조선은 어느 나라의 속국이든 되고 만다는 뜻이지요. 김옥균의 말대로 청나라가 베트남에서 프랑스와 전쟁을 치르고 있다고는 하지만, 그렇게 쉽게 조선을 포기하지 않을 것입니다. 다른 나라와 전쟁을 벌일 여유가 없다고 해도 아직까지 청나라는 강대국이니까요. 일본은 또 일본대로 대륙 진출을 위해 조선을 놓치지 않으려 할 것이고요."

왕비의 설명에 고종임금은 고개를 끄떡였다.

"그러니까 중전의 말씀은 우리 조선의 자주독립이 힘들 것이라는 말씀이 아니오?

김옥균의 말대로 이 나라에서 청나라와 일본의 전쟁이 일어나면 전쟁에서 이기는 나라가 조선을 장악하려고 할 테니 말이오."

"그렇습니다, 상감마마. 조선은 마치 두 야수 사이에 놓여 있는 먹이 같은 운명에 처해 있는 것입니다."

"야수들의 먹잇감은 원래 힘이 없는 법이니, 야수들에게서 벗어날 수 있는 방법은 또 다른 야수를 끌어들이는 것밖에 없겠구려."

이것이 바로 왕비가 생각하고 있는 이이제이 정책이었다. 고종 임금의 말에 왕비는 힘찬 목소리로 이렇게 대답했다.

"예, 상감마마. 지금으로서는 미국이 가장 우호적이니 미국을 끌어들여 일본과 청을 견제시키고 그동안 국력을 길러야 할 것입니다. 그러나 미국도 일본과 마찬가지로 세계 진출을 위해 여기 조선까지 왔다는 사실을 잊어서는 안 될 것입니다."

"그러면 김옥균이 일본의 도움을 받아 청나라 세력을 물리칠 때 미국을 끌어들여야겠구려."

"예, 바로 그것입니다, 상감마마."

바로 그때 김옥균, 박영효 등 개화파가 헐레벌떡 궁궐로 뛰어 들어왔다. 그날은 우정국 개국 행사가 있는 날이었는데, 김옥균 등 개화파는 개국 행사장에서 달려온 것이었다.

우정국은 근대식 통신 제도를 도입한 조선 최초의 우편 행정 관서였다. 당시 나라에는 우정국 개설 말고도 여러 가지 개혁이 있었다. 태극기가 만들어진 것도 임오군란 사죄 사절단이 일본에 다녀

올 때였으며 궁궐에 전기가 들어온 것도 이 무렵이었다.

그런데 땀으로 범벅이 된 김옥균 등 개화파들의 모습이 심상치 않았다. 한밤중에 갑자기 궁궐로 뛰어 들어온 것도 그렇고, 우정국 행사장에 있어야 할 사람들이 궁궐로 온 것도 이상했다. 고종임금과 왕비는 놀란 눈으로 개화파들을 맞이했다. 그러자 김옥균과 그일행은 고종임금과 왕비 앞에 무릎을 꿇으며 이렇게 말했다.

"상감마마, 우정국에서 변란이 일어났습니다. 이 궁궐은 위험하니 빨리 피하셔야 합니다. 그러니 저희를 따르십시오."

이것은 개화파의 음모였다. 사실 김옥균은 일본 공사 다케조에와 함께 우정국 개국 행사를 기회로 수구파인 친청파들을 제거할 계획이었다. 그 계획이란 연회장에서 가까운 별궁에 불을 질러 연회장이 혼란스러워진 틈을 이용해 수구파들을 숙청한다는 것이었다. 그리고 궁궐로 달려가 왕과 왕비를 허수아비로 만든 다음 정권을 빼앗고 그들만의 개혁을 하려 했던 것이다.

그러나 그들의 첫 번째 계획은 실패하고 말았다. 방화가 미수에 그쳤고, 개화파의 계획을 눈치 챈 수구파들이 미리 도망쳐 버렸기 때문이었다. 그러자 개화파들은 겨우 민영익만을 쓰러뜨린 뒤 곧장 궁궐로 달려온 것이었다. 실패한 첫 번째 계획을 만회하기 위해서는 고종임금과 왕비를 인질로 삼을 필요가 있기 때문이었다.

김옥균에게는 이렇게 시커먼 속마음이 숨겨져 있었지만 천성이

착한 고종임금은 김옥균을 의심하지 않았다.

"그래, 이곳을 피해야 한다면 어디로 가야 한단 말인가?"

고종임금이 이렇게 묻자 왕비는 바로 김옥균의 말과 상황이 전혀 맞지 않는다는 것을 알아차리고 이렇게 물었다.

"그게 무슨 소리요? 변란이 났다면 경은 그곳에서 사태를 진압하고 있어야 옳은 일이 아니오? 그리고 무예별감도 있고 궁궐 수비병도 있는데 경이 왜 이런 보고를 하는 것이오?"

이 부분까지 미처 생각하지 못했던 김옥균 등 개화파 일행은 대답할 말을 찾지 못하고 진땀을 흘리며 쩔쩔맸다.

그때 어디선가 폭탄 소리가 들려왔다. 이것은 김옥균이 궁궐에 들어올 때 심복을 시켜 미리 설치해 둔 폭탄이 폭발하는 소리였다. 그동안 순희당 등 궁궐에서 크고 작은 폭발 사건을 여러 번 겪은 고종임금과 왕비는 자지러질 듯 깜짝 놀랐다.

그 뒤로도 궁궐을 뒤흔드는 폭발 소리는 계속해서 두 번이나 더 들려왔다. 연이어 들려오는 폭발 소리에는 왕비도 마침내 정신을 잃을 지경이 되고 말았다.

"상감마마, 우선 이곳을 피하도록 하십시오. 옥체를 다치시게 되지나 않을까 걱정됩니다."

"그럽시다, 중전."

연이은 폭발 소리에 놀란 고종임금과 왕비는 서둘러 궁궐을 빠져나왔다. 그러자 김옥균은 무예별감도 미처 부르지 못하고 궁궐 밖으로 나서는 고종임금과 왕비의 앞을 가로막았다.

"상감마마, 이대로 가시면 위험하오니 일본군의 호위를 받으시면서 피신하도록 하십시오. 그래야 안전하실 것입니다."

이번에도 고종임금은 김옥균의 말을 의심하지 않았다.

"그러면 일본군을 부르도록 하라."

그러나 왕비는 일본군을 부르러 가는 김옥균을 재빨리 불러 세웠다.

"일본군을 부르면 청나라 군대가 가만히 있을 것 같소? 그러니 청나라 군대도 함께 부르도록 하시오."

왕비가 일본군과 함께 청나라 군을 부르도록 한 것은 조선에서 청나라와 일본의 대결이 일어날지도 모르기 때문이었다. 위기의 순간일수록 더욱 예리해지는 왕비는 이렇게 정확한 판단을 내렸지만 김옥균은 왕비의 말을 받아들이지 않았다. 김옥균은 왕비 앞에서 청나라 군대를 부르는 척만 했을 뿐, 호위군을 부탁하는 편지는 일본 공사 다케조에에게만 보냈다.

그리하여 서리가 내리는 한밤중에 고종임금과 왕비의 행렬은 경우궁에 도착했다. 경우궁은 창덕궁의 서쪽에 있는 궁으로, 원래 역대 후궁들의 위패를 모시는 사당이다. 김옥균 등 개화파들은 고종임금과 왕비를 이 작은 궁에 있게 한 다음 일본군을 시켜 궁 주위를 에워싸버렸다. 그리고 궁 안은 자객들로 하여금 지키게 하고 개미 새끼 한 마리도 얼씬할 수 없는 철통같은 수비를 했다.

이렇게 해서 고종임금과 왕비는 경우궁에 갇혀 버렸다.

그리고 다음날 아침에는 당연히 열어야 될 대신회의를 열지 못했다. 뿐만 아니라 새파랗게 질린 내관과 궁녀들도 보았다. 이에 왕비는 불길한 낌새를 알아차렸다. 궁녀와 내관들이 누구 하나 고종임금과 왕비에게 가까이 다가오려 하지 않기 때문이었다.

내관과 궁녀들이 새벽부터 아침까지 본 것은 수구파 대신들의 죽음이었다. 윤태준, 조영하, 민태호 등 수구파인 친청파 대신들이 궁의 앞문과 뒷문을 통해 대신회의에 참석하러 들어오다가 칼을 맞는 장면을 본 것이었다. 그러나 내관과 궁녀들은 고종임금과 왕비에게 입도 뻥긋하지 못했다. 눈으로 목격한 광경을 말하면 죽음뿐이라는 것을 잘 알고 있는 까닭이었다.

하지만 비밀은 그리 오래 가지 못했다. 김옥균 등 개화파들은 이 엄청난 일을 끝까지 비밀에 부치려 했지만, 경기 감사 심상훈이 모든 비밀을 밝혀 버렸기 때문이다. 심상훈은 사람이 우직하고 특별하게 편드는 사람이 없기 때문에 김옥균이 대수롭지 않게 생각하고 고종임금과 왕비를 알현(임금을 뵙는 것)하도록 했던 것이다.

그제야 왕비는 궁에서 끔찍한 일이 벌어졌다는 것을 알게 되었지만 아무 말도 하지 않았다. 나라의 운명이 왔다 갔다 하는 시기에 자신들의 권력을 위해 왕과 왕비를 위협했다는 것은 용서할 수 없는 대역죄였지만 침착하게 사태를 예의 주시할 뿐이었다. 정권을 잡기 위해 왕과 왕비를 납치하는 일도 서슴지 않고 저지르는 이들이 또 무슨 짓을 할지 알 수 없기 때문이었다.

김옥균은 비밀이 모두 밝혀진 것도 모르고 심상훈이 다녀간 뒤 고종임금과 왕비에게 새 내각의 명단과 개혁에 관한 보고를 하러 들어왔다. 그리고 청나라 세력을 물리칠 수 있도록 전권을 달라고 왔을 때보다 자신감이 넘치는 목소리로 개혁에 대해 설명했다.

"새 내각은 청나라에 바치는 조공을 폐지할 것입니다. 청나라에 계속 조공을 바치는 것은 우리 스스로 청나라의 속국임을 자청하는 일이기 때문입니다. 그리고 양반과 상민의 차별을 없애고, 인재를 평등하게 등용하도록 하겠습니다. 사람을 차별하고 인재를 편파적으로 등용하는 것은 나라를 후퇴하게 만들기 때문입니다. 또 토지세를 폐지하고…… 그리고 이것은 새 내각의 명단입니다."

새 내각의 명단은 말할 필요도 없이 모두 친일파로 구성되어 있었다. 왕비는 새 내각의 명단을 슬쩍 훑어본 뒤 김옥균을 바라보았다.

"개혁의 내용은 아주 훌륭하오. 이 정도면 경이 알아서 잘할 것 같소. 그러니까 창덕궁으로 환궁은 하게 해 주시오. 궁이 너무 비좁아 세 분 대비마마를 모시고 지내기가 너무도 불편하구려."

그러나 김옥균은 두 손을 앞으로 단정하게 모으고 왕비를 똑바로 바라보았다.

"창덕궁은 청나라 군대를 막기 어려우므로 상감마마와 중전마마를 지켜 드리기가 매우 힘이 듭니다. 그러니 불편해도 조금만 더 참으십시오."

이쯤 되자 왕비도 더는 아무 말도 할 수 없었다. 그래서 어떻게 하면 이 상황에서 벗어날 것인가 하고 온갖 머리를 다 짜냈다. 그런 왕비의 모습을 김옥균은 거만한 표정으로 지켜보았다. 그 모습은 보이지 않는 거대한 힘을 업고 있는 허수아비처럼 보였다.

왕비는 옷 속에 감춘 주먹을 더욱 꼭 쥐었다. 일본이 없으면 김옥균도 딱한 허풍쟁이가 되고 말 것이라는 생각이 들었기 때문이었다. 그래서 왕비는 고종임금에게 다케조에 일본 공사를 부르도록 했다.

"상감마마, 다케조에에게 환궁을 부탁해 보십시오. 모르긴 몰라도 청나라가 종주권을 완전히 포기하지 않는 이상 상감마마를 이런 곳에 오래 가둬 놓지는 못할 것입니다."

당시 일본에서는 고종임금과 왕비를 환궁시키지 않으면 청나라가 종주권을 빼앗기지 않기 위해 싸움을 걸어올지도 모른다는 우려를 하고 있었다. 일본은 아직 청나라와 싸울 준비가 되어 있지 않기 때문이었다. 때문에 다케조에에게 하루빨리 고종임금과 왕비를 창덕궁으로 환궁시키라는 명령을 내려놓고 있는 상태였다. 일본이 이렇게 갑자기 태도를 바꾼 것은 조선의 개화파를 지지하여 얻는 이익보다 청나라와 전쟁을 하게 될 경우 잃는 것이 더 크다는 것을 깨달았기 때문이었다.

일본 정부로부터 이와 같은 명령을 받은 다케조에는 고종임금의 부탁을 기다렸다는 듯이 이렇게 말했다.

"걱정하지 마십시오. 일본 공사 이 다케조에가 책임지고 대비 마마와 상감마마 내외분을 창덕궁으로 돌아가도록 해 드릴 것입니다."

그리고 다케조에는 김옥균과의 약속을 저버리고 경우궁에서 군대를 철수했다. 일본군의 철수는 개화파들의 야망을 단번에 물거품으로 만들어 버렸다. 때문에 1884년 10월 17일에 일어난 갑신정변은 3일 만에 물거품이 되고 말았다. 역사에서는 이것을 삼일천하라고 기록하고 있다.

이 사건은 왕비의 지혜와 예지를 빛나게 한 사건이 되었다. 자칫 잘못될 수도 있었을 왕권과 나라의 안보를 위기에서 구해 낼 수 있었던 데는 물론 청나라와 일본, 두 나라의 힘의 균형도 있었다. 하지만 그 힘을 고루 이용하는 지혜를 발휘한 사람은 왕비였다.

결국 김옥균은 왕비의 예지를 이기지 못하고 망명의 형식을 빌려 일본으로 도망가 버리고 말았다.

새야 새야 파랑새야

　김옥균의 갑신정변으로 국가의 정체는 또다시 표류하는 신세가
되었다. 청나라에게서 벗어나기 위해서는 일본의 힘을 빌려야 하
고, 일본에게서 벗어나려면 청나라의 힘을 빌려야 하는 것이 조선
의 운명이었다. 때문에 국력이 약한 나라의 존재는 발버둥 치면 칠
수록 희미하게 작아져만 갔다.

　왕비는 조선을 일본과 청나라의 손아귀에서 벗어나게 하는 길이
너무 까마득하다고 느꼈다. 나라의 힘이 강하다면 간단하게 해결
될 수 있는 문제겠지만, 국력이 이미 바닥을 보인 상황으로서는 모
든 것이 어려울 수밖에 없기 때문이었다.

　이 무렵 국내외 정세는 끊임없이 계속되는 사건들로 더욱 혼란

스러워지고 있었다. 말 그대로 격동의 시대였던 것이다.

1885년 4월 23일에는 영국이 조선 정부도 모르게 청나라와 짜고 불법으로 거문도를 점령하는 사건을 일으켰는가 하면, 일본은 강제로 조선과 한성조약을 체결하기도 했다. 한성조약은 갑신정변의 뒤처리를 마무리하기 위해 일본의 이노우에 가오루와 김홍집 사이에 체결된 조약이었다.

또한 일본은 청나라와 텐진조약을 체결하기도 하는데, 이 조약의 내용은 조선에서 군대를 철수하는 경우 일본과 청나라가 동시에 이행할 것을 약속한다는 것이었다.

그런가 하면 국내에서는 러시아와 밀약을 위한 회담이 열리기도 했다. 이 회담에서 조선은 러시아 군사 교관을 파견해 줄 것과 청일전쟁이 일어날 경우 조선을 보호해 줄 것을 요청했다. 이것이 제1차 조러밀약설이었다. 그러나 이 밀약은 위안스카이 때문에 실현되지는 못했다.

제1차 조러밀약에 대한 보복으로 청나라는 왕비를 견제하기 위해 대원군을 귀국시켰고, 조선 정부는 임오군란의 죄수 김춘영 등 군인들을 대원군이 귀국하고 난 다음날 처형했다. 이것은 나라의 반역에 대한 본보기였다.

한영조약을 한영신조약으로 개정하면서 청나라를 조선의 종주국으로 인정했던 영국이 거문도에서 군대를 철수할 때 청나라의 종주권을 한 번 더 인정해 준 사건도 이 무렵에 일어났다. 영국이 또다시 종주권을 인정해 준 것에 힘입은 위안스카이가 조선을 통째로 집어삼키기 위해 조선이 러시아와 또다시 밀약을 하려 했다고 누명을 뒤집어씌운 제2차 조러밀약설도 이때 일어났다.

그리고 얼마 지나지 않아 러시아에서는 시베리아를 횡단하는 철도 공사를 계획하고 있다는 소식이 들려왔고, 베베르(Veber)가 러시아 공사로 조선에 부임해 왔다.

이 무렵 고종임금과 왕비의 반청 감정은 극에 달했고, 조정에는 친러파와 친미파가 생겼다. 왕비가 청나라와 일본을 견제시킬 수 있는 나라로 러시아를 주목한 것도 이때부터였다. 그러나 조선에 대한 종주권을 지키려는 청나라의 반발도 만만치 않았다. 또 일본은 일본대로 강화도조약을 계기로 먼저 차지하고 있던 이권을 빼앗기지 않기 위해 갖은 노력을 다 했다.

때문에 왕비는 이런 반대 세력들을 뛰어넘는 여러 가지 방법으로 러시아와의 외교를 펼쳐 나갔는데, 이것은 아무도 생각하지 못한 외교 방법이었다고 한다.

방곡령 사건이 일어나던 무렵에도 왕비는 그동안 혼자 구상하고 있던 정치 방안을 고종임금에게 설명하고 있었다.

"일본과 청나라에게서 벗어나기 위해서는 우리 조선이 과감한 시도를 해야 할 때입니다. 그렇지 않으면, 청나라한테서 벗어나려고 하면 일본에게 나라를 맡겨야 하고, 일본에게서 빠져나오려고 하면 청나라에게 발목을 잡히는 악순환이 계속될 뿐입니다. 그러니, 하루빨리 러시아와 손을 잡고 이같은 악순환의 고리를 끊어야 할 것입니다."

그러자 고종임금은 고개를 저었다.

"허나 조선에서 가져갈 이익이 없어 미국은 우리의 이이제이 정책에 동참하지 않고, 공사를 변리공사로 낮춰 버린 일이 있었소. 모든 이권은 일본과 청나라와 영국이 챙겨가 버리고 없는데, 무슨 수로 러시아를 끌어들인단 말이오?"

"아닙니다, 상감마마. 청나라가 이 땅에서 누리던 이권을 모두 러시아에게 밀어주면 될 것입니다. 러시아도 일본이나 청나라처럼 조선을 차지하기 위해 온 나라이긴 합니다만, 지금 일본과 청나라를 동시에 견제할 수 있는 나라는 러시아밖에 없습니다."

그제야 고종임금은 고개를 끄떡였다.

"그래, 그런 방법이 있었구려."

왕비가 이처럼 러시아와의 외교를 서두르게 된 것은 다 세계정세 때문이었다.

방곡령 사건이 일어나던 무렵, 일본은 군사력 증강에 총력을 기울이고 있었다. 러시아가 시베리아철도를 건설할 것이라는 소식이 들려왔기 때문이었다. 시베리아철도가 완공되는 날 러시아가 조선을 침략할 것이라고 예상하고, 그때 러시아와 전쟁을 치르기 위해서 군사력증강에 박차를 가하기 시작했던 것이다.

시베리아철도 준공 소식이 들려온 것은 일본이 무기와 군대 증강에 한창 열을 올리고 있을 때였다. 그 소식을 듣자 일본은 시베리아철도가 완공되기 전에 청나라와 전쟁을 치르기로 정책을 바꾸어 버렸다. 그러니까 방곡령 사건은 일본이 청나라의 군사력을 시험해 보기 위해 일부러 시비를 건 사건이었다.

조선 시대에는 가뭄이 일어난 지방에서 다른 지방으로 쌀을 유출하지 못하게 하는 방곡령이라는 제도가 있었다. 그 시대는 화폐제도가 발달하지 못한 때라 쌀이 화폐가치를 지니는 동시에 무기 역할도 했기 때문이다.

그런데 일본과의 통상이 시작되고 난 이후 쌀은 모조리 일본으로 빠져나가고 있었다. 가뭄도 보릿고개도 상관하지 않고 조선의 질 좋은 쌀은 모두 일본이 가져가 버리는 것이었다.

이것을 보다 못한 함경도와 황해도 관찰사들은 일본으로의 쌀 유출을 금지한다는 방곡령을 내렸다. 이것은 수해, 가뭄, 병란 등이 있을 때는 한 달 전에 일본 영사관에 미리 알리고 방곡을 실시할 수 있다는 조일통상장정에 따른 조치였다. 그러나 일본은 함경도 관찰사 조병식이 일본 상인의 쌀을 압수한 사실을 들먹이며 방곡령 해제와 조병식의 처벌을 요구하고 나섰다.

일본의 요구는 너무도 부당하고 억울한 것이었다. 하지만 일본의 요구를 거절할 힘이 고종임금에게는 없었다. 또 어떤 핑계를 대고 위협을 할지 알 수 없기 때문에 고종임금은 결국 조병식의 월급을 3개월 동안 감봉 조치하기로 했다.

하지만 일본은 이 정도에 만족하지 않고 일본 정부에 군함을 보내 달라고 하는 등 방곡령이 해제될 때까지 끊임없이 분규를 일으켰다. 그러지 않아도 높은 물가와 부족한 쌀 때문에 혼란을 겪던 백성들은 더욱 불안에 떨게 되었다.

그때 청나라 직례총독 이홍장이 방곡령을 해제하고 방곡령 때문에 생긴 일본의 피해를 보상해 달라는 편지를 보내왔다. 만약 방곡령을 해제하지 않으면 일본은 조선을 침략하게 되고 그다음에는 청나라를 공격할 것이 뻔했기 때문에, 조선을 이용해 자신들의 안전을 지키려는 속셈이 들어 있는 편지를 보낸 것이었다.

하지만 이번에도 고종임금은 이홍장의 말을 따랐다. 그렇지 않으면 불안에 떠는 백성들을 일본 군대가 짓밟을지도 모르기 때문이었다.

이 일로 일본은 청나라의 힘을 한눈에 읽어 버렸다. 청나라가 일본과의 전쟁을 두려워하고 있다는 것을 일본은 편지 한 통으로 파악해 버린 것이었다. 한 마디로 청나라는 종이호랑이와 다름없는 나라였던 것이다.

일본은 이 기회를 놓치지 않고 조선을 침략하기 위해 다시 교활한 외교를 펼치기 시작했다. 러시아에게는 청나라가 곧 조선을 집어삼킬지도 모른다고 하고, 청나라에게는 시베리아철도가 완공되면 러시아가 조선을 침략하게 될 것이라고 이간질을 하고 나섰다. 여기에는 청나라와 러시아 두 나라가 서로 견제하게 만들어 이들의 국력을 약하게 하려는 일본의 속셈이 들어 있었다.

하지만 왕비도 방곡령 사건이 청일전쟁의 불씨가 되리라고는 미처 내다보지 못했다. 청일전쟁은 방곡령 사건으로 인해 동학란이 일어나자 이 기회를 놓치지 않고 일본이 청나라를 공격하면서 시작된 전쟁이었다.

1894년은 조선이 말할 수 없는 격동과 혼란의 소용돌이 속으로 빠진 해였다. 또 한 번의 내란으로 청나라와 일본 군대를 다시 끌어들이게 되었으며, 그로 인해 이 땅에서 청일전쟁이 일어나게 된 해이기도 했다. 그러나 동학란은 우리나라 최초의 근대 개혁인 갑오개혁을 가져다 준 사건이었다.

다시 말해서 동학란은 국내외 정세에 일대 변화를 가져온 농민들의 대규모 항쟁이라고 할 수 있었다.

그러나 방곡령 사건을 겪으면서 나라의 경제는 더욱 어려워지게 되었다. 통상을 핑계 삼은 일본의 쌀 수탈은 여전히 계속되는 데다 관리들의 매관매직과 부정 축재는 더욱 극성스러워졌기 때문이다. 이런 나라는 백성들에게 지옥이나 다름없었다.

　그로 인해서 백성들의 불평불만은 언제 터질지 모르는 고름처럼 곪게 되었다. 하지만 정부에서는 이에 대해 아무런 대책도 세우지 못하고 있었다. 근본적인 해결 방법은 결국 국력인데 나라의 힘이 하나도 없기 때문이었다.

　때문에 전국에는 굶는 백성이 수없이 늘어났고, 자연히 농촌에서는 이농 현상이 생겼으며, 사방에서 크고 작은 민란이 일어나게 되었다. 그 가운데에서도 전라북도 고부에서 일어난 동학란은 백성들이 일으킨 민란 가운데 가장 대표적인 것이었다.

　전국 어느 지방이나 부정을 저지르지 않는 관리는 없었지만, 고부 군수 조병갑의 횡포는 그 어느 곳보다도 심했다.

　농민들에게 세금을 면제해 준다고 하면서 황무지를 개간하게 해 놓고는 가을에 강제로 세금을 거둬 갔고, 공물로 바치는 대동미를 쌀 대신 돈으로 거둬들인 다음 그 돈으로 질 나쁜 쌀을 사서 조정으로 올려 보내고 나머지는 착복하는가 하면, 아버지의 공덕비를 세운다는 명목으로 농민들에게 돈을 뜯어내는 등 온갖 학정을 서슴지 않았다.

　이를 참다못한 농민들은 전봉준과 함께 이런 폐정을 고쳐 줄 것을 조병갑에게 요구했지만, 질 나쁜 탐관오리인 조병갑은 농민들의 요구를 무시해 버렸다. 그뿐 아니라 농민들을 더욱 탄압하며 오히려 못살게 굴었다.

이를 견디지 못한 농민들의 분노는 마침내 1894년 1월 10일에 화산처럼 폭발했다. 썩은 관리를 갈아 치우자는 기치를 높이 쳐든

농민들은 모두 전봉준의 지휘 아래 모여 고부 관아로 몰려갔던 것이다.

그러나 이른 새벽에 이들이 관아로 쳐들어갔을 때 조병갑은 벌써 전주로 도망치고 없었다.

전주로 도망간 조병갑은 전라도 관찰사에게 아무 말도 할 수가 없었다. 그래서 농민들이 함부로 관아를 습격했다고 거짓말로 일러바쳤다. 그 당시 전라도 관찰사는 김문현이라는 인물이었는데, 그는 조병갑의 횡포로 농민들이 봉기한 것을 이미 알고 있었다. 그래서 그는 즉시 조병갑을 나라를 그르치는 악덕 관리라고 조정에 보고해 버렸다.

김문현의 보고에 조정에는 비상이 걸렸다. 그렇지 않아도 일본은 어떻게 해서든지 청나라와 전쟁을 일으키려고 갖은 수를 다 쓰고 있는 상황인데 내란이 일어났다는 사실이 알려지면 청나라와 일본이 바로 군대를 파견해 올 것이기 때문이었다.

때문에 고종임금에게 가는 왕비의 얼굴은 그 어느 때보다도 근심과 걱정으로 가득 찼다.

"상감마마, 전라도 관찰사에게서 동학란이 일어났다는 소식이 올라왔다고 하던데 사실입니까?"

왕비가 오기만 기다리고 있던 고종임금도 근심이 가득한 표정으로 왕비를 맞이했다.

"그렇소, 중전."

이에 왕비는 치밀어 오르는 분노를 애써 가라앉히며 침착하게 말했다.

"동학란이 아니더라도 우리 조선은 불안한 현실에 처해 있습니다. 그런데 내란이 일어날 정도로 백성들을 쥐어짜다니, 조병갑의 죄는 능지처참(머리, 몸, 팔다리를 토막 쳐 죽이는 극형)을 해도 모자라지 않을 것입니다. 하오니, 조병갑을 의금부로 잡아들이게 하시고 고부 사정을 잘 아는 인물을 그곳 군수로 임명하시는 것이 좋을 것 같습니다."

왕비가 이렇게 사태를 진정시킬 의견을 말하자 고종임금의 얼굴은 그제야 희미하게 밝아졌다.

"그래, 과인이 기다리던 답이 그것이었소. 동학군들을 치는 것보다 좋은 방법이 그것이었소."

왕비는 말을 계속 이어나갔다.

"동학란이 일어났다는 사실이 청나라와 일본에 알려지면 이들은 또다시 군대를 보내올 것입니다. 그러니 빨리 백성들을 진정시키고 사태를 이쯤에서 막으셔야 합니다. 서두르십시오."

"알겠소. 당장 용안 현감 박원명을 고부 군수로 임명해서 그곳 사정에 맞는 조치를 취하도록 하겠소."

박원명은 광주 출신으로 도내 형편을 두루 파악하고 있을 뿐 아니라 백성들을 공평하게 잘 다스린다고 알려져 있는 인물이었다.

이때 지방 관리들의 기강은 썩을 대로 썩어 있어서 동학군들이 고부뿐 아니라 정읍, 태인 등 주위 고을을 휩쓸고 있어도 진압할 관군이 없었다. 더구나 전봉준은 농민들과 동학군들을 질서 있게 다스려서 군대처럼 강력한 힘을 갖추고 있었다.

전봉준이 동학군들을 다스리기 위해 만든 행동 강령은 이런 내용으로 이루어져 있었다.

"사람을 죽이지 말고, 남의 재산을 빼앗지 말 것이며, 나라에 대한 충성과 부모에 대한 효도를 다하여 백성들을 편안하게 해야 한다. 또한 왜놈들을 몰아내고, 서울로 가서 권력을 가지고 있으면서 부정을 저지르는 대신들을 모두 제거해야 한다."

이 같은 행동 강령은 고부 관아의 무기고를 털어서 소총과 죽창으로 무장할 때부터 정해 놓은 동학군들의 목표이자 규칙이었다.

이처럼 새로운 세상에 대해 확실한 목표가 있는 동학군들의 힘은 갈수록 강해졌다. 새 희망을 갖고 뭉친 만큼 우선 사기가 높았고 동학군들과 행동을 함께하려는 농민들이 점점 늘어났기 때문이다. 또한 전봉준의 지도력도 뛰어나서 동학군에 동참하려는 농민과 동학군들의 수는 어느덧 1만 명을 넘어서게 되었다.

비록 죽창과 소총으로 무장하고 있었지만 이렇게 막강해진 동학군들은 어떤 관군과 싸워도 이길 수 있었다. 조병갑을 잡아 놓고 있는 전주성마저도 언제 함락될지 알 수 없을 정도로 동학군들의 사기는 하루가 다르게 높아지고 있었던 것이다.

때문에 고종임금과 왕비는 동학군들이 스스로 해산하도록 하기 위해서 박원명을 고부 군수로 임명한 것이었다. 이와 같은 조치는 나라 안의 안정을 꾀하고 나아가 청일전쟁을 막기 위한 조치였다.

박원명은 부임하자마자 동학군들이 내건 폐정 개혁안을 참고하여 고부 고을의 문제들을 고쳐 나가기 시작했다. 강제로 거둬들이던 세금을 없애고 돈으로 받던 대동미를 쌀로 받아 가는 등 잘못된 점들을 농민들의 사정에 맞게 시정해 나갔다. 농민들이 바라던 대로 문제점들이 하나둘 바로잡히자 동학군들은 모두 자진해서 해산했다.

그러나 사건은 이것으로 끝이 난 게 아니었다. 간단하게 끝날 수 있었던 사태는 엉뚱한 곳에서 다시 불거져 동아시아의 질서를 바꿔 버릴 정도로 커지게 되었다.

박원명과 함께 고부로 부임한 인물 가운데는 이용태라는 사람이 있었다. 그런데 이용태가 민란의 책임을 도리어 동학군들에게 뒤집어씌운 것이었다. 주모자를 수배하고 체포할 동학 교도들의 명단을 만드는 등 다 마무리된 사건을 다시 문제 삼고 나선 것이다.

그러자 동학군들과 농민들은 또다시 크게 분노했다. 이에 전봉준은 관리들의 고질병을 뿌리 뽑겠다는 뜻을 밝히고 다시 동학 교도들을 궐기시켰다. 이것이 제1차 농민 운동이 일어나게 된 배경이다.

하순, 태인, 무장, 금구, 부안 등 곳곳에서 모여든 동학군들의 목표 지점은 서울이었다. 그리고 이들의 목적은 관리들과 대신들의 부정부패를 척결하는 것이었다. 하지만 이것은 국제 정세를 제대로 이해하지 못한 행동이었다. 그렇지 않아도 일본과 청나라는 어떻게 해서든지 조선을 집어삼킬 기회만 노리고 있었기 때문이다.

왕비가 농민들의 봉기를 못마땅하게 여긴 것도 동학군들이 이처럼 무분별하게 궐기를 했기 때문이었다. 물론 탐관오리들의 부정도 척결할 필요가 있긴 하지만 그보다 중요한 것은 나라의 안보인데 동학군들은 보다 크고 넓게 세상을 내다보지 못하고 있었던 것이다.

하지만 고종임금과 왕비의 근심은 아랑곳없이 동학군들은 날마다 승승장구하고 있었다. 황토현과 전주성이 동학군들에게 무너지고 김문현이 이끄는 관군들도 참패를 당했다는 소식이 들려왔다. 그렇지 않아도 나라에 대한 근심 때문에 제대로 잠을 이루지 못하던 왕비는 날마다 뜬눈으로 밤을 지새웠다.

집안이 대대로 의리를 강구하니 황후도 어려서부터 이를 본받아서 옳고 그른 것을 가리는 것이……. 내가 기분이 언짢은 일이 있으면 반드시 아침이 되기를 기다려 앉아 있었고, 근심하고 경계하는 일이 있으면 대책을 세워 풀어 주었다. 특히 외국과 교섭하는 문제에서도 수원 정책(먼 나라를 끌어들여 가까이 한다는 정책)을 권하여 사신으로 각국에 갔다가 돌아온 사람들이 말하기를, 이국인들도 모두 감탄하였다고 했다. 황후가 일찍이 나에게 말한 것들이 지나고 보니 모두 말대로이니…….

왕비의 장례식 때 고종임금이 지은 『대행황후지문 어제행록』이란 글에서도 잘 나타나 있듯이 왕비는 원래 나라에 대한 걱정이 있으면 한시도 편하게 잠을 이루지 못했다고 한다. 더구나 이때는 언제 외세가 침입할지도 모르는 상황이기 때문에 왕비는 뜬 눈으로 밤을 새우다시피 했다. 거기다 일본과 청나라는 조선이라는 먹이를 가운데 놓고 언제 이 땅에서 전쟁을 벌일지 모르기 때문이었다.

하여 왕비는 조선을 집어삼키려는 야욕은 일본과 다름없지만 그래도 위급할 때 도움을 청할 수 있는 나라는 청나라뿐이라고 생각했다. 그래서 내란으로 나라를 통째로 내어 주느니, 청나라의 도움으로 일본을 물리친 다음 다시 이이제이 정책을 이용하여 청나라를 물러나도록 해야겠다고 마음먹었다.

하지만 청나라에게 구원병을 요청하는 일도 썩 마음 내키는 일은 아니었다. 그러나 약해 빠진 관군이 동학군들을 진압하지 못하는 이상 다른 방법은 아무것도 없었고, 그것을 고민할 시간도 없었다.

그렇게 결심을 굳힌 왕비는 조카 민영준을 불렀다. 그 무렵은 왕비의 얼굴은 언제나 어두웠지만 그날따라 왕비는 더욱 화가 난 얼굴이었다.

"동학군 때문에 나라가 위태로우니 그대는 당장 청나라에 구원병을 요청하도록 하라."

노여움에 가득 찬 왕비의 목소리는 쇳소리처럼 날카로웠다. 몹시 화가 난 왕비의 목소리에 놀란 민영준은 동그란 눈으로 왕비를 바라보았다.

"중전마마, 청나라 군대를 불러서는 안 됩니다. 다시 한 번 생각해 보십시오. 청나라와 일본 사이에는 톈진조약이 체결되어 있습니다. 그 조약의 내용을 보면 양국은 동시에 군대를 철수해야 한다는 규정이 들어 있습니다. 이 말을 뒤집어 보면, 어느 한 쪽이 군대를 보내면 다른 나라도 군대를 보낼 수 있다는 말이 되니, 청나라 군대가 들어오면 일본이 가만히 있겠습니까?"

이 말은 결코 틀린 말이 아니었지만 농민들에게 화가 난 왕비는 민영준의 말을 막았다.

"나도 그것을 모르는 바가 아니다. 허나, 전주성으로 들어간 동학군들이 관군에게 편지 보낸 일을 그대는 알고 있느냐? 편지에서 동학군들은 '국태공을 받들어 나라를 지키는 것이 왜 나쁜가?'라고 항의하고 있다고 들었다. 이것은 왕권을 무너뜨리겠다는 말과 같은 것이다. 그런데 이런 무리들을 그대로 두고 보란 말이냐?"

"하지만……."

"구원병을 요청하지 않아도 어차피 두 나라의 군대는 조선으로 들어오게 되어 있다. 일본이 먼저 올지 청나라의 군대가 먼저 올지 그것만 알 수 없을 뿐이다. 일본은 그들 나라의 국민을 보호해야 한다는 이유로 올 것이고 청나라는 또 종주국이라는 것을 내세워 올 것이다. 그대는 그것을 아직도 모르겠느냐?"

"그렇더라도 구원병을 부르는 것은 안 됩니다. 왜냐면, 공식적인 요청을 받은 청나라는 일본에게 지지 않으려 할 것이고 일본은 그런 청나라를 싸워 이기려 할 것이기 때문입니다."

왕비의 이런 결정은 하루아침에 내려진 게 아니었다. 어떤 것보다 중요한 구원병 요청 문제이기 때문에 깊이 생각한 다음 결정을 내린 것이었다. 그런데도 어린 민영준이 극구 반대하고 나서자 왕비는 민영준을 이렇게 꾸짖었다고 한다.

"그래, 그것도 안다. 하지만 말이다, 동학의 무리들을 내가 어떻게 왜놈들처럼 생각하겠느냐만 임오군란 때와 같은 일을 또 겪게 되는 건 이제 다시 참을 수 없다. 그러니 그대는 잠자코 청나라 군대를 부르도록 하라."

왕비가 이렇게 꾸짖자 민영준은 아무 말도 하지 못했다. 나라에 대한 걱정과 고민이 크다고 해도 왕비만큼 큰 사람은 아무도 없기 때문이었다. 왕비 역시 민영준에게 더 이상 아무 말도 하지 않았다.

얼굴이 더욱 창백해진 왕비는 어떻게 동학군을 빨리 진압해야 할지 그것만 생각할 뿐이었다.

당시 상황은 청나라 구원병이 오기 전에 동학군들이 먼저 서울을 점령할지도 모르는 긴박한 형편이었다. 때문에 왕비는 청나라 구원병이 도착하기 전에 동학군들을 저지할 필요가 있다고 생각했다.

그래서 동학군을 저지하기 위해 홍계훈을 양호초토사로 임명해 내려보냈다. 임오군란 당시 왕비를 업어서 피신시킨 적이 있는 홍계훈은 우세한 화력을 이용해 겨우 소총과 죽창으로 무장한 동학군들을 금세 궁지로 몰아넣어 버렸다. 그러나 동학군의 일망 타진은 홍계훈의 목표가 아니었다.

동학군들의 사기가 떨어지자 홍계훈은 선무공작을 펼쳐 나갔다.

선무공작이란 고부 군수, 전라 감사, 안핵사 등을 처벌하는 동시에 앞으로도 탐관오리는 엄하게 다스릴 것이며 잘못된 정치를 바로잡겠다는 약속을 말하는 것이었다.

그런데 그때 청나라 군대가 조선에 도착했다. 일본도 뒤질세라 군대를 보내왔다. 청나라의 군대 파견은 조선 정부의 공식적인 요청에 의한 것이었지만, 일본은 일본 공사관과 일본 국민들을 보호해야 한다는 이유로 들어온 것이었다. 순식간에 나라는 청나라 군대와 일본 군대의 세상이 되어 버렸다.

이는 민영준이 염려했던 것이었다. 하지만 난폭하게 구는 두 나라의 군인들을 막을 힘은 아무 것도 없었다. 조선이 마치 자신들의 식민지라도 되는 것처럼 국민들을 함부로 대하고 물건을 빼앗거나 처녀들을 납치하는 일이 다반사였지만 정부에서는 남의 집 불보듯 구경만 하고 있을 뿐이었다.

이 소식은 전봉준에게도 알려졌다. 그러자, 통상이 시작된 직후부터 부산 세관에서 면허를 받은 일본 어부들이 조선 해역에 들어와 고기를 싹쓸이해 갈 뿐 아니라 살인, 약탈, 강간 등의 횡포를 저질렀던 일을 잘 알고 있는 전봉준은 동학군들에게 이렇게 말했다.

"지금은 우리끼리 싸울 때가 아니다. 만약 우리끼리의 싸움을 그치지 않는다면 일본에게든 청나라에게든 이 나라를 빼앗기고 말 것이다."

전봉준의 말 한마디로 제 1차 농민 운동은 끝이 났다. 민란을 일으킨 자들이 스스로 그 종지부를 찍은 것이었다. 내란이 끝났으므로 일본과 청나라 군대는 더 이상 이 땅에 머물 이유가 없었다.

"이제 두 나라는 즉시 군대를 철수시키시오."

그래서 고종임금은 새로운 일본 대리공사 스기무라 후카시에게 철병할 것을 요청했다. 청나라의 조선 주재 총리교섭 통상사의인 위안스카이도 군대를 철수할 뜻을 밝히고, 텐진조약에 따라 일본도 함께 철병할 것을 요구했다. 그러나 일본은 고종임금과 위안스카이의 요구를 한마디로 거절했다.

"우리 일본은 조선이 내정을 개혁하기 전에는 군대를 철수하지 않을 것이오."

어떻게든 조선을 침략하려는 일본은 이렇게 억지를 부렸다. 강화도조약에서 조선을 자주독립국이라고 해 놓고 내정 개혁을 들먹이는 것은 말도 되지 않는 소리였다. 이렇게 일본이 억지를 부리고 나오자 위안스카이는 자신의 직무를 탕샤오이(唐紹儀)에게 모두 맡기고 청나라로 돌아가 버렸다.

결국 동학란은 침략의 야욕에 불타는 일본을 조선에 끌어들인 역할을 한 셈이 되고 말았다. 이는 그대로 청일전쟁으로 이어졌고, 결국에는 왕비의 목숨을 앗아가는 을미지변을 불러오고 말았다.

1894년 6월 23일, 왕비는 고종임금과 함께 또다시 급보를 받

았다.

"아산 앞바다에서 일본군이 청나라 함대를 공격했습니다."

이 말을 듣자 고종임금과 왕비는 올 것이 왔구나 하고 생각했다. 왕비가 그토록 우려했던 일이 결국 현실로 나타났기 때문이었다.

일본이 공격한 청나라 함대는 그 당시 아산만 일대를 정찰하고 있었다. 그런데 일본 해군이 전쟁을 일으키기 위해 청나라 정찰 함대를 기다리고 있다가 포탄을 쏘아대며 싸움을 건 것이었다.

첫 싸움에서 청나라는 일본에게 전멸 당하다시피 했다. 청나라 해군은 거의 모두 전사하거나 다치고 배는 크게 파손되었다. 그리고 다른 배가 영국 국기를 달고 나타났지만 이 배 역시도 일본의 공격에 맥을 추지 못했다. 풍도 앞바다에서 일어난 이 전투는 결국 일본의 승리로 끝났다. 그것도 짧은 시간 안에 일본은 상대를 깨끗하게 제압해 버린 것이었다.

그러나 이것은 전쟁의 시작에 지나지 않았다. 이와 같은 보고에 고종임금의 얼굴은 한순간에 일그러져버렸다.

"기어이 전쟁이 일어나고 말았구려. 대체 이 일을 어쩌면 좋단 말이오?"

그러자 왕비의 얼굴도 고종임금 못지않게 일그러졌다.

"그렇습니다, 상감마마. 전쟁이 일어났습니다. 그런데 이 전쟁이 조선을 서로 차지하기 위해 일본과 청나라가 이 땅에서 벌이는 전쟁이라 더욱 기가 막힐 뿐입니다."

이에 고종임금은 한숨을 쉬었다.

"경복궁을 습격하고 국태공을 허수아비로 만들어 최고 권좌에 앉힌 이유가 여기에 있었구려. 우리 조정에 친일 정권을 수립하고 전쟁을 일으키려는 것이 일본의 목적이었소."

제1차 농민 운동이 끝난 뒤, 철병을 거부한 일본이 경복궁을 습격한 것은 청일전쟁이 일어나기 이틀 전이었다. 또한 철병을 위한 회담이 깨지고 위안스카이가 청나라로 돌아간 지 사흘째 되는 날이기도 했다.

군대 철수를 거부하고 있던 일본은 강제로 궁궐을 점령하기 위해 새벽 네 시에 경복궁에 침입했다. 그리고 기습적으로 조선군 시위대의 무장을 해제하고 궁궐을 점령해 버렸다. 이것은 고종임금과 왕비를 포로로 잡고 친일 정부를 수립하기 위한 것이었다.

일본으로서는 대륙으로 진출하려면 먼저 조선이라는 발판을 마련해야 하고, 조선을 침략하자면 청나라라는 걸림돌을 없애야 했기 때문이었다. 그런데 걸림돌을 없애는 방법은 조선에서의 전쟁뿐이었던 것이다. 그래서 조선에서 전쟁을 일으키려고 하는데 왕비가 온갖 지혜로 일본의 계획을 가로막고 나서기 때문에 경복궁을 습격한 것이었다.

그렇게 경복궁을 습격한 일본은 고종임금과 왕비를 감금한 뒤 대원군을 내세워 친일정권을 수립했다. 그리고 두 번째 집권에서 물러난 지 12년 된 대원군을 다시 최고 권좌에 앉혔다. 일본은 이렇게 대원군을 꼭두각시로 만든 다음 보란 듯이 아산 앞바다에서 청나라에 싸움을 건 것이었다.

그전에 일본에 망명해 있던 김옥균이 청나라에서 홍종우라는 자객에 의해 피살당한 사건이 있었다. 그리고 얼마 뒤에 일본은 김홍집을 영의정으로 세우고 군국기무처를 설립하여 친일파 중심의 정부를 만들었다. 일본이 전쟁을 일으키려고 수립했다는 친일파 정부는 바로 김홍집 내각을 가리키는 것이었다.

또다시 닥친 위기에도 왕비는 전혀 당황하지 않았다. 비록 여자의 몸이었지만 침착하게 사태를 주시했으며 위기를 넘길 지혜를 모으기 위해 온 힘을 기울였다.

그러나 고종임금의 얼굴에는 여전히 근심걱정이 가득했다. 그런 고종임금의 모습이 너무도 안타까운 나머지 왕비는 짐짓 커다란 목소리로 고종임금을 불렀다.

"하지만 국태공께서 과연 허수아비 노릇만 하시겠습니까? 외세에 나라를 빼앗길지 모른다고 스스로 민란을 끝냈던 전봉준이 가만히 있겠습니까? 그리고 청나라는 그렇게 약한 나라가 아닙니다. 어떤 일이 있어도 희망을 버리지 마십시오."

하지만 왕비가 볼 때 조선에 희망이라고는 아무것도 보이지 않왔다. 보이는 것은 암담한 나라의 현실과 대원군의 정권에 대한 집념뿐이었다. 이런 가운데서도 왕비는 끝까지 자주독립에 대한 희망을 놓지 않았다. 훗날 친미.친러파 정권을 수립하고 러시아를 한층 더 가까이 끌어들이는 정책을 펼친 것만 봐도 이때 왕비가 어떤 생각으로 하루하루를 보냈는지 잘 알 수 있는 일이다.

그때 대원군은 전봉준에게 편지를 보내 동학군의 항일 봉기를 부탁하고 있었다. 편지의 내용은 풍도 해전에서의 패배를 만회하기 위해 청나라 군대가 평양에서 다시 일본과 싸울 때 남쪽에서 일본군을 교란시켜 달라는 것이었다. 이것이 제2차 농민 운동이 일어나게 된 배경이다.

그런데 그때 친일파 정권의 정책에 사사건건 반대를 하던 대원군이 동학군에게 밀서를 보낸 일이 발각되어 다시 권좌에서 밀려나는 일이 생겼다. 그와 함께 고종임금과 왕비는 감금에서 풀려났다. 갑신정변 때 일본으로 망명했던 박영효가 귀국한 것은 이 무렵이었다.

이무렵 청나라와 일본의 전투는 절정을 향해 치닫고 있었다.

풍도해전에 이어 성환전투에서도 패배한 청나라는 평양으로 모든 병력을 집결시키고 조선의 관군과 연합 전선을 구축해 나갔다. 일본도 성환전투의 여세를 몰아 평양에 군대를 총집결시켰다. 그렇게 총력을 모은 두 나라는 치열한 일대 격전을 벌였다. 그러나 전투는 하루 만에 일본의 승리로 끝이 나버렸다. 그동안의 패배를 설욕할 수 있는 기회라고 생각했던 청나라는 맥도 추지 못하고 힘없이 무너져 버린 것이었다.

두 번째 동학란이 일어난 것은 바로 이 무렵이었다. 친일파로 구성된 제2차 김홍집 내각이 출범한 것도 이때였다. 새로 부임한 이노우에 가오루 일본 공사가 조선을 지배하기 편리하도록 내각을 모두 친일파로 바꾼 정권이 김홍집 내각이었다. 왕비는 새로 구성된 친일 내각을 반대하고 나섰다. 이노우에가 내각을 세운 것은 엄연한 월권행위이기 때문이었다. 그래서 왕비는 남아 있는 네 명의 협판 자리를 고종임금이 직접 임명하도록 했다.

이런 왕비가 못마땅한 이노우에는 홍범 14조를 만들어 버렸다. 홍범 14조는 우리나라 최초의 헌법인데 사실인즉 이는 왕비의 정치 간섭을 막기 위해 만든 것이었다. 이렇게 홍범 14조를 만든 이노우에는 고종임금에게 말했다.

"그동안 많은 정책이 왕비의 반대로 실행되지 못했다는 것을 나는 잘 알고 있소. 우리 일본에서는 암탉이 울면 집안이 망한다는 말이 있는데, 이 말을 조선의 왕께서는 어떻게 생각하시오?"

원래 이 말은 임진왜란 때 도요토미 히데요시가 남긴 말로, 남편은 가정을 돌보고 아내는 순종해야 한다는 뜻이었다. 그런데 이노우에는 일본의 대륙진출정책에 걸림돌이 되는 왕비를 나쁘게 빗대

어 말한 것이었다.

이처럼 나라가 일본의 손아귀에 농락당하게 되자 전봉준은 다시 궐기의 깃발을 높이 쳐들었다. 이 궐기는 관리들의 횡포에 대항하는 단순한 궐기가 아니라 일본에 대항하는 항일 투쟁이었다.

동학군과 농민들이 궐기를 시작한 것은 6월부터였지만 전봉준이 정한 봉기 시기는 9월이었다. 이것은 한창 곡식이 자라는 들판을 망쳐 놓을 수 없다는 농민의 심정에서 나온 결정이었다. 전봉준의 결정을 따르는 동학군들도 곡식을 자식처럼 아끼는 마음이 매우 컸다. 그 마음들이 9월까지 자그마치 20만 명이나 모였다.

당시로서 20만 명이라는 숫자는 어마어마한 숫자였다. 그러나 이 많은 숫자의 대군이 공주 우금치에서 모두 허망하게 무너져 버렸다. 아무리 많은 숫자라도 소총과 죽창은 일본의 막강한 근대 무기와 화력에 맞서 싸우기엔 역부족이었던 것이다.

그래서 우금치 전투에서 겨우 목숨을 건진 전봉준은 다시 순창에서 궐기하려 했지만 배반자의 밀고로 처형되고 말았다. 전봉준의 죽음이 알려지자 동학군과 농민들은 다음과 같은 노래를 불러 그의 죽음을 애도했다.

새야
새야

파랑새야

녹두밭에 앉지 마라

녹두꽃이 떨어지면 청포 장수 울고 간다

그리고 제 2차 농민 운동은 끝이 났다. 처음 궐기를 시작한 지 1년 만에 동학란이 모두 막을 내린 것이다.

끝내 짓밟히지 않은 황후의 자존심

　동학란은 그렇게 허무하게 끝이 났지만, 결과적으로는 청일전쟁을 앞당기는 역할을 한 셈이 되었다. 그리고 청일전쟁은 극동 아시아뿐만 아니라 세계정세에 커다란 영향을 미치고 그 흐름을 뒤바꿔 버렸다.

　이노우에의 강제로 조선에서는 갑오경장이 이뤄지고 있을 때, 일본은 만주의 주롄청(九連城)과 뤼순(旅順)을 함락시키고 랴오둥 반도로 진격하여 베이징을 점령하려 하고 있었다. 그제야 놀란 청나라는 시모노세키에서 일본과 부랴부랴 조약을 체결했다. 청일 조약이라고도 불리는 시모노세키조약에서 일본은 랴오둥반도와 타이완, 페스카도리스(펑후 제도)를 양도할 것을 요구하고 나섰다. 그리고 조선에 대한 권리 포기와 2억 엔의 보상금 지급도 요구했다.

　이것은 세계 지도를 바꾸는 일이었다. 그러나 이 일을 세계가 그냥 보고 있지 않았다.

　시모노세키조약이 체결되자 러시아, 프랑스, 독일 세 나라는 즉각 일본에게 랴오둥반도를 돌려주라고 요구하고 나섰다. 이것이 이른바 삼국간섭이다.

　이들 세 나라의 일본에 대한 간섭은 이들 나라의 이해관계에서 비롯된 것이었다. 러시아가 청나라로 남하할 수 없게 되면 진출 방향은 유럽 쪽밖에 없었다. 그렇게 되면 프랑스, 독일과 부딪치게 될 것은 불 보듯 빤한 일이었다. 그래서 이들 세 나라는 아무 이득 없는 싸움보다 일본으로 하여금 청나라에 랴오둥반도를 돌려주도록 하는 것이 더 낫겠다고 생각했던 것이다.

　이 세 나라는 세계의 열강이었기 때문에 일본은 이들 나라의 요구를 거절하지 못했다. 이들 나라의 요구를 거절한다는 것은 세계를 상대로 싸우겠다는 것과 마찬가지이기 때문이었다.

　일본이 랴오둥반도를 돌려주겠다고 약속하자 왕비는 일본을 굴복시킨 세 나라에 큰 관심을 가지게 되었다. 그 가운데에서도 왕비가 다시 한 번 주목한 나라는 지리상으로 가까운 러시아였다. 그리고 조선이 자주독립할 수 있는 기회는 이렇게 일본의 힘이 약해졌을 때라고 생각했다.

이때부터 왕비는 러시아를 좀 더 가까이 끌어들이기 위해 본격적으로 나서기 시작했다. 이제 조선에 우호적인 나라는 러시아밖에 없다고 생각했기 때문이었다.

이 무렵에는 일본에 대한 백성들의 감정 또한 악화될 대로 악화되어 있었다. 일본은 철도와 전신 부설권, 광산 채굴권, 개항지 증설과 일본인 거류지의 확장 등 이익이란 이익은 모두 가로채면서 온갖 횡포를 다 부렸기 때문이다. 게다가 쌀은 구경조차 할 수 없을 정도로 쓸어가 버려서 일본이라면 자다가도 침을 뱉을 지경이었다.

이렇듯 나라의 안팎이 혼란스러운 가운데 이준용 역모 사건이 일어났다. 이준용은 오래전 역모 사건에 휘말려 죽은 이재선의 아들로 대원군에게는 장손이 되는 사람이었다. 이 사건으로 박영효와 사사건건 대립하던 김홍집 등 대신들이 사표를 던지면서 내각이 붕괴되어 버렸다. 이때를 놓치지 않고 왕비는 고종임금에게 다시 새 내각을 세우도록 했다.

"지금이야말로 왕권을 회복하실 때입니다. 당장 상감마마만의 내각을 세우도록 하십시오."

그러나 자신감을 잃어버린 고종임금은 힘없는 목소리로 이렇게 물었다.

"지난번에도 네 명의 협판을 마음대로 임명했다가 이노우에와 부딪친 적이 있는데, 어떻게 과인의 마음대로 내각을 세울 수 있겠소?"

하지만 왕비는 이렇게 소중한 기회를 절대 놓칠 수 없다고 생각했다.

"아닙니다, 상감마마. 일본은 지금 러시아, 프랑스, 독일 등 삼국의 간섭에 국력이 위축된 상태라 상감마마께서 내각을 다시 세운다고 해도 감히 따지고 달려들지 못할 것입니다."

"정말 일본이 시비를 걸지 않을 것 같소?"

"상감마마, 용기를 가지십시오. 용기만이 이 어려운 고비를 이겨 낼 수 있습니다."

"알겠소. 그럼, 내각은 친미파와 친러파 가운데에서 어떤 인물을 등용하는 것이 좋겠소?"

이렇게 해서 태어난 것이 제 3차 김홍집 내각이었다. 3차 김홍집 내각은 박영효만 내무대신에 앉혀졌을 뿐 모두 친미파와 친러파로 채워져 있었다. 왕비가 친미파와 친러파로 내각을 구성하도록 한 것은 러시아를 끌어들여 일본을 강력하게 견제하기 위해서였다.

당시 상황은 일본이 삼국에 굴복했다는 것 말고는 더 나을 것도 없었지만 왕비는 이렇게 작은 기회도 놓치지 않기 위해 애를 썼다. 그리고 이 기회를 적극적으로 이용하기 위해 모든 지혜를 끌어 모았다. 이렇게 암담한 상황 속에서도 왕비는 끝까지 조선의 자주독립을 포기하지 않았다.

이런 가운데에서도 왕비는 다른 나라와의 관계를 개선하는 것도 잊지 않았다. 왕비가 생각하는 국제사회의 균형과 조화는 이이제이 정책을 통한 것이었다. 왕비는 강화도조약을 체결할 때부터 수없이 많은 시행착오를 겪으면서 국제사회의 균형과 조화를 꾀할 수 있는 방법을 찾은 것이었다.

그러나 이 모든 것은 일본의 야욕에 의해 끝내 무너지고 말았다. 이이제이 정책의 일환으로 러시아를 끌어들이는 정책은 결국 왕비의 죽음을 부르고 말았다.

다시 내각을 세우고 난 뒤 왕비는 러시아 공사 베베르와 미국 공사 앨런과의 만남을 자주 시도했다. 이것은 조선의 입장에서 펼치는 진정한 이이제이 정책이었다.

이렇게 왕비는 조선의 자주독립을 위해 외교를 펼쳤지만 조선의 사정은 더욱 악화되고 있었다. 7월이 시작되면서 서울에는 연일 폭우가 내리는가 하면 전국에는 전염병까지 돌았다. 날마다 계속되는 무더위에 전염병까지 돌게 되자 백성들의 삶은 피폐할 대로 피폐해져버렸다.

일본공사 이노우에가 24일 간의 휴가를 마치고 일본에서 돌아온 것은 그 무렵이었다. 그러나 말만 휴가였을 뿐 사실 이노우에는 내각이 친미파와 친러파로 바뀌자 아무 말 없이 일본으로 떠났다가 24일 만에 돌아온 것이었다. 그렇게 일본으로 갈 때는 조용하게 떠났던 이노우에가 조선으로 돌아올 때는 고종임금과 왕비에게 귀국 인사를 하러 왔다.

고종임금과 왕비에게 귀국 인사를 하러 온 이노우에는 시종일관 웃는 얼굴이었다. 이노우에가 웃는 얼굴로 고종임금과 왕비를 대하는 것은 처음 있는 일이었다. 조선에 부임한 날부터 언제나 험상궂던 이노우에가 웃자 고종임금과 왕비는 속으로 깜짝 놀랐다.

그러나 이노우에는 정중하게 고개까지 숙이며 인사를 했다.

"그동안 상감마마와 왕비마마께서는 안녕하셨습니까? 이 이노우에 두 분께 귀국 인사드립니다."

이노우에가 웃으면서 매우 예의바르게 인사를 했기 때문에 고종임금과 왕비는 어리둥절했다. 여태까지 이노우에는 이렇게 공손하고 상냥하게 말한 적이 한 번도 없었기 때문이다.

그러나 고종임금과 왕비는 애써 웃음을 띠고 이렇게 말했다.

"덕분에 잘 지내고 있소. 공사께서도 그동안 편안히 잘 쉬었다 오셨소?"

이것은 어디까지나 인사치레로 한 말일 뿐 고종임금과 왕비는 하루도 마음이 편할 날이 없었다. 이노우에가 일본에 있는 동안 박영효가 왕실 수비병을 자신의 훈련대로 교체했고, 왕비를 시해하려는 음모를 꾸민 일도 있었다. 이렇게 엄청난 일을 꾸민 박영효는 다시 일본으로 망명했고, 그 때문에 조선에서 일본의 발판은 완전히 무너져 버렸다.

그러나 아무 것도 모르는 것처럼 시치미를 뚝 뗀 이노우에는 손에 들고 왔던 선물 꾸러미를 내놓았다. 이노우에가 내민 선물을 본 고종임금과 왕비는 깜짝 놀랐다.

"이게 무엇이오?"

"약소하지만 두 분께 드리는 제 마음의 선물입니다."

그러나 약소하다고 한 선물이 당시 돈으로 6천 원 상당이나 되는 것이었다. 왕비의 선물로 가져온 보물도 3천 원이 넘었다.

"아니, 이건 선물 치고 너무 비싼 게 아니오? 이렇게 좋은 걸 그냥 받아도 되는지 모르겠소."

"기쁘게 받아 주십시오. 그러면 이노우에의 영광으로 알겠습니다."

선물 덕분에 분위기가 부드러워지자 고종임금과 왕비는 이노우에와 여러 가지 이야기를 나누었다. 하지만 민감한 정치 이야기는 서로 꺼내지 않았다. 세 사람은 주로 날씨와 두 나라의 여름철 음식 이야기 등을 나누었을 뿐이었다.

그렇게 한참 동안 이야기를 나누던 이노우에는 갑자기 생각난 듯 뜻밖의 말을 꺼냈다.

"참, 저희 일본 정부에서 조선에 3백만 원을 기증하기로 했습니다."

이것은 이노우에의 거짓말이었다. 일본 정부는 이노우에에게 기증금 약속 따위 명령을 내린 적이 없었다.

왕비는 이 모든 것이 고종임금과 왕비의 환심을 사기 위한 이노우에의 거짓말이라는 것을 알아차렸다. 이노우에가 아무리 용을 써도 미소 뒤에 감춰진 일본의 야욕은 왕비의 눈에 모두 보였기 때문이다. 그래서 왕비는 이노우에 앞에서 웃는 척 하면서 친러 정책을 더욱 강화해 나갔다.

그런데도 이노우에는 화를 내지 않고 조선의 정치에 아무 간섭도 하지 않았다. 베베르가 궁궐을 수시로 드나들고 왕비가 앨런을 자주 찾아도 잠자코 있기만 할 뿐이었다. 이런 이노우에는 먼 이국에서 그럭저럭 세월을 보내다 귀국하기만 기다리는 늙은 외교 관리로만 보였다.

그때 군인 출신 미우라 고로가 새로운 일본 공사로 부임해 왔다. 그런데 이노우에는 새 공사가 부임해 왔는데도 일본으로 돌아가지 않았다. 뿐만 아니라 새로 온 일본 공사 역시 정치에는 아무 관심도 보이지 않고 날마다 불경만 외운다는 소문이 들려왔다.

왕비는 이 같은 일본 공사관의 광경에 고개를 갸우뚱거렸다. 아무리 생각해도 이노우에와 미우라의 행동은 미심쩍은 점이 한두 가지가 아니기 때문이었다. 앞날에 대한 예지가 뛰어난 왕비도 이때만큼은 미우라와 이노우에의 행동을 헤아리기 어려웠다.

"상감마마, 새로 온 공사가 정치는 하지 않고 왜 날마다 불경만 외우는지 모르겠습니다."

"조선을 침략할 어떤 방법도 찾을 수 없어서 그러는 게 아니겠소? 러시아, 프랑스, 독일 세 나라 사이에 금이 갔다고는 하지만 러시아는 이제 조선에서 일본이 눈치를 보는 존재가 되었소. 뿐만 아니라 기증금을 주기로 했다가 주지 못하게 되었으니 큰소리칠 염치나 있겠소?"

"그러면 일본이 정치가 출신의 공사를 보내지 않고 군인 출신의 공사를 보낸 것은 무슨 뜻인지 짐작이 가십니까? 그리고 한 공사관에 아직도 전직 공사와 현직 공사가 함께 있는 것은 또 무슨 꿍꿍이인지……."

그제야 고종임금도 일본 공사관의 광경이 이상하다고 생각했다.

"듣고 보니 그도 그렇구려."

"내각을 친미파와 친러파로 바꾼 뒤부터 이상한 점이 한두 가지가 아닙니다. 일본은 간교한 나라이니 절대 방심해서는 안 될 것입니다."

"그야 이를 말이겠소."

"그리고 일본이 언제 어떻게 나올지 모르니 일단 이 땅의 일본 세력은 모조리 뿌리 뽑는 것이 좋을 것 같습니다."

"그럼, 일본군 교관이 지휘하고 있는 훈련대도 해산시켜야겠구려."

"그렇습니다. 훈련대는 일본 공사관의 영향을 많이 받는 군대이니 해산시키는 것이 마땅할 것입니다."

당시 궁궐을 수비하는 시위대와 훈련대는 서로 갈등이 많았다. 훈련대는 신식 무기와 군복을 지급받는 데다 시위대보다 몇 배나 더 많은 월급을 받고 있기 때문이었다. 그에 비하면 미국인 교관 다이 장군이 거느리는 시위대는 말할 수 없이 형편없는 대우를 받고 있었다. 그러니 두 군대 사이에는 당연히 갈등이 많을 수밖에 없었다.

그러나 아무 이유도 없이 훈련대를 해산시킬 수는 없는 노릇이었다. 그래서 고종임금은 훈련대와 순검이 서로 싸우도록 꾀를 냈다. 이는 싸움이 일어나면 무조건 훈련대가 잘못한 것으로 만들어서 훈련대를 해산시키기 위해서였다.

왕비는 일본군 교관이 지휘하는 훈련대를 해산시키는 것을 일본에 대한 정면 도전이라고 생각했다. 그리고 이때가 일본 세력들을 모조리 말살시킬 수 있는 기회라고 확신했다. 하지만 훈련대가 왕비 시해 사건의 뜨거운 감자가 될 줄 그 당시는 아무도 몰랐다. 그뿐 아니라 훈련대는 왕비 시해 현장의 또 다른 목격자가 되기도 했으니 참으로 알 수 없는 것이 정치이고 사람의 운명이 아닐 수 없다.

4장

죽음으로 탄생시킨 대한제국

운명의 그날

1895년 10월 8일 새벽, 서대문 앞에는 일본인 낭인(벼슬이나 지위 없이 노는 사람)들이 속속 모여들고 있었다. 모두 한 손에 칼을 들고 나타났고 이들에게서는 술 냄새가 지독하게 풍겼다.

그렇지만 걸음걸이가 흐트러지거나 횡설수설하는 낭인은 한 명도 없었다. 오히려 술에 취하지 않은 사람보다 걸음걸이가 더 힘차고 단정했다. 그런 이들의 눈빛은 한 마리 사냥감을 노리는 사냥꾼처럼 어둠 속에서도 날카롭게 빛났다.

이렇게 모여드는 무리 속에는 일본의 대학뿐만 아니라 미국 하버드 대학이나 펜실베이니아 대학 출신도 있었다. 낭인이라면 흔히 깡패나 부랑자로 알려져 있지만 사실은 모두 고학력 출신의 지

성인들이었다. 그런데 그런 그들이 술과 칼로 자신들을 위장하고 서대문 앞으로 모여든 것이었다.

그들이 새벽 찬바람을 맞으며 서대문 앞에 모인 이유는 대원군을 데리러 간 오카모토 일행을 기다려야 하기 때문이었다. 오카모토 일행이 대원군을 데리러 간 것은 꼭두새벽이었다. 하지만 차츰 동이 터오는데도 오카모토 일행이 오지 않고 있었기 때문에 낭인들은 초조하게 기다리는 중이었다. 오카모토 일행이 꼭두새벽에 대원군을 데리러 간 것은 왕비에게 불만을 품은 대원군과 훈련대가 왕비를 시해했다고 뒤집어 씌우기 위해서였다.

원래 왕비 시해 예정일은 음력으로 1895년 8월 20일, 양력으로는 10월 10일이었는데 조선 정부가 훈련대 해산 날짜를 10월 9일에서 10월 7일로 바꾸는 바람에 10월 8일로 바뀌었다. 일본이 훈련대 해산 다음날을 예정일로 잡은 것은 왕비에게 불만을 품은 훈련대가 대원군과 짜고 사건을 일으킨 것처럼 꾸며야 하기 때문이었다.

이 계획은 모두 미우라와 이노우에가 함께 지내는 동안 세워진 것이라고 역사가들은 말하고 있다. 당시 이노우에는 일본의 최고 정책 기관의 원로 가운데 한 사람이었으며, 17일 동안 미우라와 함께 지내다 일본으로 돌아갔다는 사실이 이것을 증명한다는 것이다.

그러나 미우라가 부임한 후에, 이노우에가 17일 동안만 조선에 머문 것도 아니었다 한다. 모든 작전을 미우라에게 지시해 놓고 인천으로 가서도 4일 간이나 더 머물면서 미우라와 연락을 하다 일본으로 돌아갔다는 것이다.

10월의 새벽 찬바람 속에 서성이던 낭인들의 얼굴에는 시간이 지날수록 초조한 기색이 역력해졌다. 예정했던 것보다 많은 시간이 흐른 데다, 벌써 동쪽 하늘이 훤하게 밝아오고 있기 때문이었다.

하지만 오카모토 일행은 그 뒤로도 한참이나 지나서야 대원군을 데리고 서대문 앞으로 달려왔다.

낭인들은 오카모토 일행을 만나자마자 곧장 한성신보사로 달려갔다. 그리고 한성신보사 앞에서 기다리던 낭인들과 함께 광화문을 향해 달려갔다. 낭인들이 숨 돌릴 시간도 없이 신속하게 움직인 것은 세상이 아직 잠들어 있을 때 왕비를 시해하려고 했는데 벌써 날이 환하게 밝아 왔기 때문이었다.

하지만 오카모토 일행은 그 뒤로도 한참 더 지나서야 대원군을 데리고 서대문 앞으로 달려왔다. 그리고 얼마 지나지 않아 광화문에서는 콩을 볶듯 요란한 총 소리가 들려오기 시작했다. 그것은 사다리를 놓고 높은 궁궐 담을 넘던 일본인 흉도들이 궁궐의 경비병들을 향해 쏘아 댄 총 소리였다.

이때 나라의 위급함을 가장 먼저 알아차린 사람은 궁내부대신 이경직이었다. 이경직은 일본인 흉도들의 총소리를 듣고 재빨리 옥호루로 달려갔다. 일본인 흉도들이 궁궐로 쳐들어 왔는데 왕비는 아직도 잠자리에 들어있기 때문이었다.

이경직이 맨 처음 받은 보고는 광화문을 지키던 경비병들이 일본인 흉도들의 총에 맞아 쓰러졌다는 것이었다. 그 다음에 들은 소식은 일본인 교관 밑에서 훈련대를 맡고 있던 홍계훈이 흉도들을 막으려다 그 자리에서 숨을 거두었다는 사실이었다. 그리고 고종 임금의 편전인 건청궁을 지키던 시위대는 근정전 옆 강녕전에 대원군을 내려놓은 뒤 일본군 선발대와 싸우다 도망쳐 버렸다.

이경직은 옥호루로 달려가면서 과연 왕비를 구할 수 있을 것인지 그 점을 가장 걱정했다. 벌써 궁궐의 곳곳에서는 일본인 흉도들의 발소리가 거칠게 들려오고 있었기 때문이다. 이경직은 일본인 흉도들의 발소리를 들으며 옥호루를 향해 이를 악물고 달려갔다. 그때 건청궁 쪽에서 일본인 흉도들의 커다란 고함소리가 들렸다.

"여우를 사냥하라!"

여우를 사냥하라는 말은 두말할 것도 없이 왕비를 시해하라는 뜻이었다. 이 소리에 이경직은 젖 먹던 힘까지 짜내 옥호루로 달렸다. 그리고 옥호루 앞에서 왕비를 소리쳐 불렀다.

"주, 중, 중전마마."

하지만 이경직은 숨이 턱까지 찼기 때문에 왕비를 제대로 부를 수가 없었다. 그래서 숨을 몰아쉰 다음 다시 한 번 큰 소리로 왕비를 불렀다.

"주, 중전마마. 빠, 빨리 일어나십시오. 일본인 흉도들이 궁궐로 쳐들어왔습니다."

그제야 왕비는 재빨리 자리를 떨치고 일어났다.

"뭐라고 했느냐? 일본인 흉도들이라고 했느냐?"

"예, 중전마마. 어서 이곳을 피하십시오. 일본인 흉도들이 칼을 들고 중전마마를 찾고 있습니다."

왕비는 이경직의 말이 끝나기도 전에 방문을 열어젖히고 밖으로 뛰쳐나왔다. 그런 왕비에게 이경직은 일본인 흉도들의 소리가 들리지 않는 쪽을 가리켜 보였다.

"저쪽으로 가시는 것이 안전하실 것 같습니다. 어서 피하십시오."

그러나 일본인 흉도들은 이경직의 말이 채 끝나기도 전에 옥호루로 뛰어 들어왔다. 이들 흉도들은 이경직이 달려가는 것을 보고 뒤를 쫓아온 것이었다. 그렇게 옥호루로 온 흉도들은 파랗게 겁에 질린 왕비와 궁녀들의 주위를 에워쌌다.

"이 여인들은 무엇인가? 이 가운데 왕비가 있는 것인가? 어째 느낌이 수상하다."

이 말에 이경직은 소스라치며 깜짝 놀랐다. 정말 일본인 흉도들이 왕비의 존재를 눈치 채고 칼을 휘두른다면 나라의 앞날은 그것으로 끝날 것 같기 때문이었다.

그래서 이경직은 두 팔을 벌리고 재빨리 왕비의 앞을 가로막았다.

"중전마마는 여기 안 계신다."

"그래?"

이 말과 함께 파랗게 날이 선 일본도가 허공을 갈랐다. 그와 동시에 이경직의 양팔이 투둑, 하고 피를 쏟으며 바닥에 떨어졌다. 그러자 일본인 흉도는 단칼에 이경직을 쓰러뜨렸다. 궁녀들은 눈앞에서 벌어진 처참한 광경에 비명도 지르지 못하고 벌벌 떨기만 했다.

그러나 왕비는 이경직의 팔이 떨어지는 순간 옥호루 뜰을 향해 달렸다. 하지만 마루를 벗어나기도 전에 일본인 흉도에게 옷자락을 잡혀버렸다. 일본인 흉도가 왕비를 잡아챌 때, 그때 왕비는 일본인 흉도의 얼굴이 아니라 이경직의 가슴에서 분수처럼 솟는 피를 보았다.

왕비를 지키기 위해 기꺼이 자신을 내던진 이경직을 보자 왕비는 눈을 똑바로 뜨고 일본인 흉도를 대해야겠다고 결심했다. 끝내 죽음을 피할 수 없다면 당당하게 맞서야겠다고 생각한 것이었다. 비굴하게 목숨을 구걸하느니 최후까지 한 나라 국모로서 자존심을 지키는 것이 현명하다고 판단했기 때문이었다.

그래서 왕비는 일본인 흉도를 똑바로 노려보며 이렇게 외쳤다.

"그래, 내가 조선의 국모다."

그러자 이들 흉도들은 사실이냐고 묻는 법도 없이 왕비를 옥호루 뜰로 내동댕이쳐 버렸다. 그리고 구둣발로 왕비의 가슴을 짓밟으며 긴 일본도로 여기저기 마구 찔러 댔다. 왕비는 조선의 상징이다. 조선의 상징을 이렇게 함부로 짓밟은 흉도들은 왕비와 비슷하게 생긴 궁녀들도 두 명 더 살해했다고 한다. 이것이 만약의 실수를 미리 막기 위해서였음은 두 말 할 필요가 없다.

그때 왕비의 시해 현장이 멀지 않은 곳에서는 훈련대가 부동자세로 정렬해 있었다. 훈련대는 일본인 교관의 지시에 따라 그곳에 정렬해 있었던 것이다. 그리고 시해당하는 왕비와 겁에 질린 궁녀들을 모두 지켜보았다.

피투성이가 된 왕비는 궁녀들이 지켜보는 가운데 마지막 숨을 몰아쉬었다. 궁녀들은 왕비가 그렇게 아무 말도 남기지 못하고 숨을 거두게 되는 건 아닐까 하고 숨을 죽였다. 그러나 마지막 순간 왕비는 모기 같은 목소리로 왕자의 이름을 불렀다.

"척아…… 척아…… 척아……."

왕비가 숨을 거두기 전에 왕자의 이름을 부른 것은 나라의 미래와 왕자의 앞날이 걱정되었기 때문이었다. 왕비는 세상을 떠나는 마지막 순간까지도 그렇게 나라를 걱정했던 것이다.

그리고 왕비는 마침내 고개를 옆으로 떨어뜨렸다. 그러자 여시의가 앞으로 나와 왕비의 얼굴을 손수건으로 덮어 주었다.

그때 일본인 흉도들 가운데에서 피를 본 자 특유의 광기 어린 목소리가 들려왔다.

"여우 사냥은 끝났다. 이제 여우를 불에 태워 버려라. 증거를 하나도 남기지 마라."

이 말이 떨어지기가 무섭게 일본인 흉도들은 어디선가에서 흰 광목을 구해다 왕비의 시신을 둘둘 말아 쌌다.

이때 왕비의 허리춤 금낭에서는 왕비의 친필로 된 두 통의 국서 초안이 나왔다고 한다. 그것은 고종임금이 멕시코로 전임 발령을 받은 베베르의 유임을 러시아 황제에게 의뢰하는 서장이었다. 흉도들은 이것마저도 홑이불에 함께 싸서 어깨에 들쳐 메더니 건청궁 옆 녹원 숲 속으로 달려갔다. 그리고 왕비의 시신을 장작더미 위에 올려놓고 불을 질렀다. 왕비의 시신은 쉽게 재로 변하지 않았다. 그러자 흉도들은 왕비의 시신이 검은 숯덩이가 될 때까지 계속 석유를 뿌려 가며 태웠다.

마침내 왕비가 한 줌의 재로 변하자 그제야 일본인 흉도들은 궁궐 밖으로 사라졌다.

숯덩이가 된 왕비의 뼈는 이 광경을 숨어서 지켜보던 궁궐의 한 관리에 의해 양지바른 곳에 묻혔다. 이 관리는 나중에 왕비 시해범의 누명을 쓰고 죽지만, 이 관리 덕분에 왕비의 장례식은 훗날 훌륭하게 치를 수 있게 된다.

왕비의 파란만장한 생은 1895년 10월 8일에 이렇게 끝났다. 이때 왕비의 나이 44세였다.

일본의 거짓말

이렇게 무시무시했던 아침이 지나가고 난 뒤 베베르 러시아 공사, 앨런 미국 공사 등의 외교관들은 일본 공사관에 모였다. 그리고 미우라를 앞에 세워 놓고 왕비 시해사건을 추궁하기 시작했다. 왕비 시해사건은 세계정세에 큰 영향을 미칠 만큼 중요한 사건이기 때문이었다.

평소에는 친절하고 다정한 베베르도 이날만큼은 매우 엄숙했다.

"조선의 왕비마마께서 어떻게 해서 그렇게 돌아가셨으며, 누가 왕비마마를 시해했는지 밝히시오. 당신이 사건의 현장을 지휘했고, 궁궐을 침입한 범인들은 모두 일본인이라는데 그게 사실이오?"

그러나 미우라는 얼굴빛 하나 변하지 않고 태연하게 말했다.

"이 사건은 왕비마마께 불만을 품은 대원군과 훈련대가 저지른

일입니다. 내가 일본군과 함께 궁궐로 간 것은 조선 정부의 요청이
있었기 때문입니다. 그리고 우리가 궁궐에 도착했을 때는 이미 모
든 것이 끝나 있었습니다."

　이것은 모두 거짓말이었다. 외국 공사들이 몇 번을 다시 물어도
미우라의 준비된 거짓말은 바뀌지 않았다. 이노우에와 미우라가
17일 동안 함께 지내면서 짰던 작전에는 이 거짓말도 포함되어 있
었던 것이다.

　미우라는 한 번의 거짓말로 가증스러운 행동을 끝내지 않았다.
외교관들에게 추궁을 당하고 난 뒤 미우라가 만난 사람은 김홍집
이었다. 외교관들이 한 번의 추궁으로 사건을 끝낼 것 같지 않은 데

다 잘못하면 외교 문제로 발전될지도 모르기 때문에 증거가 될 만한 것들은 모두 없앨 필요를 느꼈던 것이다.

"상감마마께 왕비를 폐위시키라고 하시오. 왕비는 조선의 국정을 어지럽혔고, 그 책임을 피하기 위해 임오군란 때처럼 도망갔으니 당연히 폐위를 시켜야 할 것이오."

이것은 미우라의 두 번째 거짓말이었다. 한 나라의 왕비를 처참하게 살해한 것도 천인공노(누구나 분노할 만큼 증오스러움)할 일인데, 미우라는 왕비의 작위까지 박탈하려 든 것이었다.

하지만 진실이 끝까지 숨겨질 수는 없었다. 미우라가 아무리 거짓말을 하고 증거를 없애도 증거와 증인은 수두룩했기 때문이었다.

시위대의 다이 장군과 연대장 현흥택, 그리고 궁녀들이 시해 현장이나 가까운 거리에 있었던 목격자들이었다. 러시아 공사 베베르와 미국 공사 앨런, 영국 공사 힐리어 등도 사건 현장을 목격했다. 이들은 미우라에게 하나하나 증거를 제시했다. 더 이상 거짓말을 할 수 없게 된 미우라는 그제야 비로소 외교관들 앞에서 왕비 시해 사실을 시인했다.

이 소식에 일본 정부는 몹시 당황했다. 그렇지 않아도 랴오둥반도 반환 문제 때문에 골머리를 앓던 일본 정부는 미우라와 나머지 관련자들을 서둘러 일본으로 소환했다. 여기에 일본인의 범죄는 일본법에 의한다는 강화도조약이 적용된 것이었다.

2년 1개월 만에 치러진 장례식

　왕비가 세상을 떠난 지 두 달이 다 되어 가도록 고종임금은 장례식을 치를 엄두조차 내지 못했다. 미우라의 지시를 받은 김홍집 내각이 왕비를 폐위하고 왕비의 죽음을 숨겼기 때문이다.

　고종임금이 왕비의 장례식을 준비할 수 있게 된 건 춘생문 사건 덕분이었다.

　왕비가 시해당하고 난 뒤부터 고종임금은 날마다 자신이 독살당할지 모른다는 불안에 떨며 지내고 있었다. 정동구락부에 소속된 이범진, 이재순 등이 이런 고종임금을 미국 공사관으로 피신시키고 김홍집 내각을 무너뜨린다는 쿠데타 계획을 세운 것이었다. 그러나 이 계획은 배반자의 밀고로 실패하고 고종임금의 근위 세력들도 모조리 밀려난 사건이 춘생문 사건이다.

하지만 이미 민중들은 왕비가 일본인 흉도들의 칼에 시해당하고 폐위까지 되었다는 사실을 다 알고 있었다. 기울어 가는 나라를 구하기 위해 온갖 노력을 기울였던 왕비의 죽음과 폐위 소식에 비분강개(슬프고 분하여 마음이 북받침)한 백성들은 전국 방방곡곡에서 의병을 일으키기 시작했다.

"우리의 왕비마마께서 일본인 흉도들의 칼에 돌아가셨다! 모두 나서서 나라의 원수를 갚자."

거기다 고종임금이 의병 봉기를 촉구하는 편지를 보내자 의병들의 사기는 더욱 높아졌다. 얼마나 그 사기가 높았던지 곧 일본 공사관에라도 쳐들어갈 기세였다. 춘생문 사건은 이런 의병들의 봉기에 힘입어 일어난 것이었다.

춘생문 사건이 종결되자마자 김홍집 내각은 왕비의 죽음을 발표했다. 이것은 고종임금의 근위 세력이 무너진 틈을 이용해 왕비를 복위시킨 다음 장례를 치러서 민심을 안정시키자는 속셈에서 나온 계략이었다. 이와 동시에 김홍집 내각은 동학란 때 일본의 강제로 중지되었던 갑오경장을 다시 추진했다. 그러나 민심은 안정되지 않고, 김홍집 내각이 내린 단발령에 오히려 더욱 반발하고 나섰다.

그때 고종임금은 궁녀의 가마를 빌려 타고 러시아 공사관으로 피신했다. 이렇게 아관파천을 한 고종임금은 김홍집 내각이 준비하던 왕비의 장례식을 모두 취소시켜 버렸다. 김홍집 내각은 왕비 시해 사건이 일어나도록 했던 장본인인데 그런 내각이 준비하는 장례식은 치를 수 없다고 생각했기 때문이었다. 또한 고종임금은 김홍집, 유길준, 정병하, 조희연을 을미 4적으로 정하고 체포령을 내리기도 했다.

고종임금은 아관파천을 한지 일 년 만에 지금의 덕수궁인 경운궁으로 돌아왔다. 그리고 경운궁에서 새롭게 왕비의 장례식을 준비하기 시작했다. 그러나 이번에는 대신들이 황제 즉위를 요청하고 나서는 바람에 또다시 장례식을 연기하게 되었다.

"상감마마께서는 이미 황제처럼 조칙(임금의 명령을 일반에게 알리기 위해 적은 문서)으로 명령을 내리고 계시니 황제나 다름없습니다. 그러니 황제로 즉위하시는 것이 마땅합니다."

그러나 고종임금의 대답은 단호했다.

"그것은 안 될 말이오."

"하오나 상감마마께서 황제로 즉위하시는 것이 자주독립에도 맞고 억울하게 돌아가신 왕비마마의 명예를 높여 드리는 것이 됩니다. 그러니 부디 황제로 즉위해 주십시오."

마침내 상소는 지방 관리들한테서까지 올라왔다. 그렇게 많은 상소는 고종임금이 정권을 잡은 이후 처음이었다. 이렇게 다른 업무를 마비시킬 정도로 상소가 올라오자 고종임금은 마침내 황제즉위를 승낙했다.

고종임금이 황제로 즉위한 날은 1897년 10월 12일이었다. 늦가을의 새벽에 고종임금은 모든 대신과 백성들의 소원대로 황제즉위식을 거행한 뒤 낮 12시가 되자 왕비의 황후책봉식도 거행했다. 그리고 나라 이름을 대한제국으로 바꾸었다.

"황후께서 일본인 흉도의 칼에 비참하게 돌아가신 것은 모두 나라의 힘이 약했기 때문이다. 이는 두고두고 나라의 수치로 남을 일이다. 따라서 과인은 새롭고 강한 나라를 만들기 위해 나라 이름을 대한제국이라고 정한다."

이는 대한제국이 황후의 죽음으로 탄생한 나라라는 뜻이 담긴 말이었다. 황후가 일본인 흉도의 칼에 죽임을 당하지 않았다면 황제로 즉위하지도, 나라 이름을 대한제국으로 고치지도 않았을 것이기 때문이다. 그리고 황후의 장례식은 비로소 정식으로 거행할 수 있게 되었다. 일본인 흉도의 칼에 처참하게 세상을 떠난 지 2년 1개월 만이었다.

1897년 11월 21일, 황후의 장례식은 역대 어느 임금보다도 더화려하고 장엄하게 치러졌다. 장례식 날 황후가 평생 사랑했던 민중들은 새벽부터 흥인문 밖에서 홍릉까지 늘어서서 황후의 마지막길을 배웅했다. 장례식 도중에 맑고 푸르던 하늘이 갑자기 흐려지며 천둥 번개가 치고 진눈깨비가 내리기도 했지만, 집으로 돌아가는 민중은 한 명도 없었다고 한다.

점점 기울어 가는 나라를 일으키기 위해 밀려오는 외세에 당당하게 맞섰던 황후는, 조선 역사상 처음으로 서양 여러 나라들과 외교를 개척하는 업적을 남겼다.

물론 황후가 추구한 것은 조선의 자주독립이었지만 그와 더불어 다른 나라와의 조화와 균형도 생각했다. 사람이 혼자 살 수 없는 것처럼 나라도 국제사회에서 독불장군으로 존재할 수 없기 때문이다. 당시 위기에 처한 나라를 구하기 위해 황후가 다각도로 모색한 외교는 황제와 대신들도 시행하기 어려운 것들이었다. 세계의 상황과 여러 나라들과의 관계를 적절하게 이용한 외교는 그래서 당시 외국인들뿐만 아니라 후세에까지도 높이 평가되는 것 이다.

이러한 외교의 바탕에는 언제나 백성을 먼저 생각하는 마음이

갈려 있었다. 백성이 없으면 나라도 없다는 지론은 순종 황제가 어렸을 때 교육 방침으로 삼던 것이기도 했다. 그만큼 민본 사상은 황후의 평생 기본 철학이었다.

그렇다고 해서 왕조의 뿌리를 무시한 것도 아니었다. 사실 황후만큼 왕실의 전통을 존중하고 지키려 했던 인물도 드물다. 이는 황제의 친정을 도모한 것이나 크고 작은 민란과 폭탄 사건 때 황후가 취한 행동만 보아도 잘 알 수 있다. 이 가운데에서 황후가 평생 염원했던 것은 나라의 자주독립이었다. 이때 일본과 청나라의 압제에서 벗어나기 위해 선택한 것이 이이제이 정책이었다. 이것은 무조건 거부가 아닌 견제와 협력을 통해 진정한 지도자의 모습을 보여 준 것이라 할 수 있겠다.

작가의 말

"민비는 아주 드센 왕비였단다. 궁궐로 통하는 문을 막고 시아버지인 대원군을 들어오지 못하게 했거든."

내가 어렸을 때 어머니는 이렇게 명성황후의 이야기를 들려주셨다. 내 어머니는 역사를 줄줄 꿰고 계신 분이었다. 유난히 기억력이 뛰어나신 어머니 덕분에 나는 따로 역사책을 읽을 필요가 없을 정도였다. 또한 명성황후를 민비라고밖에 알지 못하는 어머니 덕분에 나 역시도 명성황후를 민비라고만 알고 있었다.

그런데 명성황후에 관한 자료를 수집하면서 내가 명성황후를 잘못 알고 있었다는 것을 알게 되었다. 명성황후는 결코 드센 왕비가 아니었고 함부로 정권을 쥐고 흔든 왕비도 아니었다. 명성황후야말로 진정으로 나라를 위한 왕비였고 조선왕조 역사상 가장 위대한 왕비였다. 당시 미국의 선교사였던 앨런이 명성황후를 가리켜 아시아의 위대한 인물 중 한 분이라고 했던 말은 결코 틀린 말이 아니었다.

물론 그녀 또한 신이 아니기에 모든 점이 완벽할 수는 없다. 잘 못된 점도 있었다. 하지만 그것은 그 당시 형편으로는 어쩔 수 없는 것이 아니었을까 하는 생각을 했다.

이 글을 쓰면서 또 하나 느낀 것은, 얼마나 많은 사람들이 명성황후를 올바르게 알고 있을까 하는 것이다.

내가 아는 대부분의 아이들은 가수 비나 세븐에 대해서는 잘 알면서 명성황후에 대해서는 제대로 알지 못했다. 나는 그것이 참으로 안타깝다.

자료를 수집하기 위해 명성황후의 생가에 다녀왔던 일이 가장 기억에 남는다. 그리고 도움을 청하는 전화에 흔쾌히 자료를 보내 주셨던, 여주 문화원에서 일하시는 분도 잊지 않고 있다. 덕분에 정말 좋은 공부를 했다. 더없이 좋은 경험이었고 행복한 몇 달을 보냈다.

앞으로 내가 많은 사람들이 읽어 주는 글을 쓰게 된다면, 나는 명성황후에 대해 공부하고 그분에 대한 글을 썼던 경험 덕분이었다고 말할 것이다.

명성황후 연보

1851년 9월 25일   명성황후 출생(경기도 여주군 능현리 250-2)

1863년 12월 13일   고종 즉위

1866년 3월 6일   왕비 간택

1866년 3월 21일   운현궁에서 결혼

1866년 8월 12일   병인양요

1871년 4월 5일   신미양요

1871년 4월 25일   대원군, 전국에 척화비를 세움

1871년 11월 4일   원자를 출산했으나 4일 뒤 사망

1873년 11월 5일   고종 친정 선포, 대원군 실각

1874년 2월 8일   순종 출산

1876년 2월 2일   한일수호통상조규 조인(조선 개국)

1882년 2월 19일   왕세자 결혼

1882년 6월 10일   장호원으로 피난

1882년 7월 13일   대원군, 청나라로 납치

1882년 8월 1일   환궁

1883년 1월 27일   태극기를 국기로 제정하고 전국에 반포

1884년 10월 17일 　갑신정변

1886년 10월 22일 　이화학당 교명 하사

1894년 1월 10일 　동학혁명

1894년 6월 23일 　청일전쟁

1894년 6월 25일 　갑오경장

1895년 10월 8일 　왕비 시해(을미지변)

1896년 2월 11일 　아관파천

1897년 3월 2일 　 시호를 명성으로 결정

1897년 10월 11일 　국호를 대한제국으로 결정

1897년 10월 12일 　명성왕후에서 명성황후로 고쳐 부름

1897년 11월 21일 　명성황후 국장 거행

조선의 국모
명성황후

ⓒ 이은유, 2007

초 판 1쇄 발행일 2007년 3월 28일
개정판 1쇄 발행일 2012년 2월 2일
        4쇄 발행일 2023년 2월 1일

지은이   이은유
펴낸이   강병철
펴낸곳   더이룸출판사

출판등록   1997년 10월 30일 제1997-000129호
주소   04047 서울시 마포구 양화로6길 49
전화   편집부 02) 324-2347 경영지원부 02) 325-6047
팩스   편집부 02) 324-2348 경영지원부 02) 2648-1311
이메일   jamoteen@jamobook.com

ISBN 978-89-5707-335-3 (44990)